'Arabi
Liblib

'Arabi Liblib

Egyptian Colloquial Arabic
for the Advanced Learner

1: Adjectives and Descriptions

Kamal Al Ekhnawy
Jamal Ali

The American University in Cairo Press
Cairo • New York

First published in 2011 by
The American University in Cairo Press
113 Sharia Kasr el Aini, Cairo, Egypt
420 Fifth Avenue, New York, NY 10018
www.aucpress.com

Dar el Kutub No. 2373/10
ISBN 978-977-416-414-399-1

Dar el Kutub Cataloging-in-Publication Data

Al Ekhnawy, Kamal and Ali, Jamal
    Arabi Liblib : Egyptian Colloquial Arabic for the Advanced Learner 1: Adjectives and
  Descriptions —Cairo: The American University in Cairo Press, 2010
    p.   cm.
    ISBN 978-977-416-399-1
    1. Language Studies   I. Al Ekhnawy, Kamal   II. Ali, Jamal

1 2 3 4 5 6 7 8   15 14 13 12 11

Printed in Egypt

CONTENTS

INTRODUCTION

The goal of this book is to help advanced students of Egyptian Colloquial Arabic to achieve a near-native level of proficiency through a focus on adjectives and expressions used to describe people. It is to be the first in a series of three, the forthcoming volumes of which will cover proverbs and common idioms, respectively. The material presented in these three volumes was collected over a period of three years from movies, songs, and recently published books written in Egyptian Colloquial Arabic, as well as from conversations overheard in coffee shops around Cairo.

The idea for the book arose as a result of extensive work with advanced students of Egyptian Arabic in the Center for Arabic Study Abroad (CASA) program at the American University in Cairo (AUC), whose urgent need for a book such as this has gone unfulfilled until now. One of the most important measures of a language learner's or translator's level of ability is the extent of his or her knowledge of metaphors, idioms, and proverbs used by native speakers. An idiomatic expression is, of course, far more than the sum of its parts, and while the advanced student may know the meaning of each word in an expression, a true feel for the language only comes with the ability to use and understand these expressions in their proper context.

Language used to describe people, their personalities and their characteristics, offers similar challenges. The learner will be limited culturally if he or she does not know the connotation of a descriptive adjective. Is it negative or positive? Is it used pejoratively or in praise? The dictionary definition of an expression or adjective is not sufficient to allow a speaker to function at the highest levels. To express one's thoughts in a culturally appropriate way, one needs to know the secret life of words: their positive or negative connotations, and the contexts and situations in which they are and are not used.

In this book, we focus on these types of adjectives and descriptive expressions, which are needed by the advanced learner. Thus, words that are commonly learned at more elementary levels of study (such as /kibiir/, /mabsuuT/, and so on) are not found here.

Each entry is fully voweled, followed by a guide to pronunciation for cases where the pronunciation may not be clear from the spelling, followed by the word's feminine form and its plural. On the occasions where no feminine or plural are given, it should be assumed that both follow the regular patterns. That is, the feminine is formed by adding the suffix -a and the plural by suffixing –iin.

Whether the meaning of an entry is literal or figurative, and whether its connotation is a positive or negative one, are both indicated, as well as other important information such as the appropriate situation in which to use the expression. For example, is the expression used derisively or to poke gentle fun at friends? Is it too crude to be used in polite society? We also state whether the word is used by the less educated segments of society, that is, those who speak what El-Said Badawi, in his *Mustawayaat al-'Arabiyya al-mu'aaSira fii MiSr* (Cairo, Daar al-Ma'aarif, 1973), refers to as *'aammiyyat al-ummiyyiin*. Providing such details should go a long way toward keeping the learner out of embarrassing situations.

We also give examples of usage when we feel that doing so will elucidate an entry, and we explain in detail the meaning of the expression in Egyptian Arabic. The goal of the Arabic explanation is to provide general reinforcement to the student by giving synonyms for the expression in question, as well as showing how the word can be defined and explained in Arabic.

We then provide equivalent English expressions. This will help the reader to understand the context or appropriate life situation in which each word is used. It is rare, however, that an English expression corresponds exactly to an Arabic one. Thus, the English expressions given should be seen not as precise translations, but rather as terms whose semantic ranges possess some degree of overlap with their Arabic counterparts. The degree to which this overlap occurs varies from one pair of expressions to another. Frequently, one of many uses of the given English word will correspond with the Arabic word. Sometimes the English expression given is not so much a translation of the Arabic word in question as it is an example of something that might be said in English in an equivalent situation. In cases where the overlap between the Arabic and its English equivalent is small, that is, where only one of the English word's many usages corresponds with only a part of the Arabic word's meaning, or in cases where the English term is used in a similar but not exactly equivalent situation to that in which the Arabic term is used, we have preceded the translation with *approx.* (approximately). In all cases, however, the goal of giving the English equivalent is to clarify the possible range of usage of the Arabic entry.

There are some words for which no English equivalent exists, often due to cultural differences. That is, a word may represent an idea that arises in Egyptian culture but not in the English-speaking world. Or, such a word may simply not have an English equivalent. Such expressions have been left untranslated. Sometimes ideas that are expressed in Arabic with one word are expressed in English with an entire sentence or phrase, in which case we provide the sentence or phrase in question.

Finally, we have added for reinforcement some simple exercises at the end of the book.

We do not see this book as the final word on the subject of Egyptian Arabic descriptive expressions and their English equivalents. Rather, it is the beginning of a dialogue about how the advanced learner can best learn and understand those ideas and expressions that are a part of Egyptian daily life, but are sometimes just outside of the non-native speaker's reach. It is our greatest hope that this book will be of benefit to its readers and that it will play a part in strengthening their proficiency in Egyptian Arabic.

Our sincerest thanks go to Mohammed Ali and Ayman Mostafa from the Computer-Assisted Language Learning (CALL) Unit at the

Arabic Language Institute (ALI) at AUC. They were instrumental in creating some of the technical tools that made our collaboration on this book across oceans possible. We also are grateful to El-Said Badawi for providing invaluable advice and tips. And finally, our thanks to the many students who have passed through the halls of CASA and whose encouragement and help were vital to the completion of this project.

الصفات

آخِــر العَــنْــقود / العنئود / – آخِــر العَــنْــقود – آخِــر العَــنْــقود

المعنى مجازي: لوصف آخر ابن أو آخر بنت في الأسرة، وكمان لوصف إن آخر ابن أو بنت في الأسرة بياخد حنان وحب زيادة من الأب والأم، وبنقول "آخر العنقود سكر معقود" لوصف حلاوته في عين أهله.

literally last of the bunch

أبْــكَم – مافيش مؤنث – بُــكم

المعنى حرفي لوصف حالة مرضية: شخص ما بيعرفش يتكلم نتيجة لعيب خلقي، يعني عنده عيب في جهاز النطق.

mute

ابْن أصول – بنت أصول – ولاد أصول

المعنى مجازي إيجابي: يعني شخص من عيلة محترمة تفهم في الأصول والعيب والواجبات واللي ليها واللي عليها، وكمان عينه مليانه يعني ما يبصش ولا يطمع في حاجة مش بتاعته.

approx. person of good stock; decent

ابْــن بَــلَــد – بنت بَــلَــد – ولاد بَــلَــد

المعنى الحرفي إيجابي: شخص من عامة الشعب وعنده شهامة وبيفهم في الأصول.

salt of the earth

down-to-earth; unpretentious

المعنى المجازي إيجابي: لأي شخص حتى لو ما كانش من الطبقة الشعبية وما كانش ابن عز، لكن بيفهم في الأصول وما بيتعالاش على الناس وبيعرف يعمل واجب معاهم، يعني يجاملهم في الأفراح والأحزان.

ابْــن حَــرام – بنت حَــرام – ولاد حَــرام

illegitimate child; bastard child

المعنى الحرفي سلبي: تستخدم بين الأصحاب أو الأقل لشخص اتولد نتيجة علاقة غير شرعية أو مش معروف مين أبوه.

slime ball; crook

المعنى المجازي السلبي: شخص ما عندوش مبادئ في حياته وممكن ينصب على الناس.

wily; tricky; cunning

المعنى المجازي الإيجابي لعمل سلبي: لما نقصد إن واحد يعرف يفوت في الحديد، يعني بيعرف يلاقي أكتر من طريقة لعمل حاجة سلبية، لكن احنا شايفين إنها إيجابية من وجهة نظر المجتمع أو الناس اللي معاه. مثلاً لو كنا رايحين ماتش كورة وواحد صاحبنا حب ييجي بس ما لقاش تذاكر فنط من على السور أو ضحك على اللي بيشتغل ودخل من غير ما ياخد باله، أو لما جاسوس يعرف يضحك على مخابرات البلد اللي راح لها في مهمة، في المثالين ممكن الناس يقولوا عليه ابن حرام بشكل إيجابي مع إنه عمل حاجة غلط.

ابْــن حَــظّ – بنت حَــظّ – مافيش جمع

gregarious; party animal

المعنى مجازي إيجابي: شخص بيحب الضحك والفرفشة والسهر والحفلات.

ابْــن حَــلال – بنت حَــلال – ولاد حَــلال

legitimate child

المعنى الحرفي إيجابي: مولود من جواز شرعي.

kind; good-hearted person

المعنى المجازي إيجابي: طيب وبيحب الخير للناس.

ابْــن ذَوات / زوات / – بنت ذَوات – ولاد ذَوات

approx. well-off; well-to-do

المعنى مجازي إيجابي: من عيلة غنية ولكن يعرف في الأصول وعينه مليانة.

ابْــن شَــرْموطة – بنت شَــرْموطة – ولاد شَــرْموطة

son of a bitch

المعنى مجازي سلبي: شتيمة لواحد ماعندوش مباديء ولا أخلاق، والفكرة إن ماعندوش مباديء زي أمه اللي مفترض إنها مش كويسة أخلاقياً. مش بتستخدم في أي سياق رسمي، وحتى مع الأصحاب ممكن تسبب مشكلة كبيرة لو واحد قال كده لصاحبه على سبيل الهزار.

ابْــن شَــياطين – بنت شَــياطين – ولاد شَــياطين

المعنى مجازي وغالباً إيجابي لعمل حاجة سلبية أو غلط: زي مثلاً

الجاسوس اللي بيعتبر بالنسبة للدولة اللي
بيتجسس لها بطل. راجع المعنى
المجازي الإيجابي لمصطلح **ابن حرام.**

ابْـن عِـزّ – بنت عِـزّ – ولاد عِـزّ

المعنى مجازي إيجابي: راجع المعنى
المجازي لمصطلح **ابن ذوات.**

ابْـن قَـحْـبة / أحبة / – بنت قحبة – ولاد قحبة

المعنى مجازي سلبي: راجع المعنى
المجازي لمصطلح **ابن شرموطة.**

ابْـن لَـذينَ – بنت لَذينَ – ولاد لَذينَ

used when admiring enemies
"Why you!"; "Son of a . . . ."

المعنى مجازي إيجابي أو سلبي على
حسب سياق الحديث ونبرة صوت اللي
بيتكلم. بتستخدم بين الأصحاب ومش
بتستخدم في سياق رسمي.

المعنى المجازي الإيجابي: شخص شاطر
في الحياة بصورة عامة وبيعرف ياخد
اللي هو عايزه ومافيش ضرر علينا من
اللي عمله، وده تعجب وإعجاب بالطريقة
اللي أخد بيها اللي هو عايزه حتى لو فيها
ضرر لناس تانية، لكن إحنا متعجبين
إزاي عمل كده وفيه شوية إعجاب
بالطريقة اللي عملها. زي مثلاً لو فيه
ماتش كورة (كرة القدم المصرية) وواحد
من الفريق اللي احنا ما بنشجعوش إدى

لمدافع الفريق اللي أنا باشجعه كتف قانوني ووقع المدافع وسجل جون في الفريق بتاعي، فأنا متعجب وفيه شوية إعجاب باللي عمله وأتمنى إن مهاجم الفريق اللي أنا باشجعه يعمل كده، لكن الضرر حصل في الفريق اللي أنا باشجعه ودخل فيه جون.

المعنى المجازي السلبي: لما واحد يعمل حاجة – من وجهة نظرنا – وحشة لينا. يعني مثلاً لما واحد يكسر بالعربية علينا ومش عايزين نشتم الشخص أو نحاول نجري بالعربية عشان نكسر عليه عشان نرد له اللي عمله فينا، فممكن نقول "يا بن اللَذينَ!"، فنبرة الصوت هي اللي بتحدد نقصد المعنى السلبي أو الإيجابي.

ابْــن ناس – بِنْت ناس – ولاد ناس

المعنى مجازي إيجابي: متربي وبيعرف في الأصول. راجع المعنى المجازي لمصطلح **ابن أصول**.

well-bred

أبو لَــمْــعة – مافيش مؤنث – مافيش جمع

المعنى حرفي سلبي: تستخدم بين الأصحاب لشخص بيبالغ في الحكايات اللي بيحكيها عن نفسه بطريقة مش ممكن حد يصدقها، وأصل الكلمة شخصية أبو لمعة الدرامية المشهورة اللي كان بيقول في واحد من مسلسلاته

bullshitter

في الراديو إنه راح في مرة غابة وقابله أسدين وتعلب، وبإيد واحدة ضرب أسد من الاتنين وبالإيد التاني شال الأسد التاني ووقعه على التعلب وموتهم كلهم.
(أبو لمعة = فَـشّـار)

أحْـوَل - حُولة - عندهم حول

المعنى حرفي لوصف حالة مرضية: عيب خلقي في العين بيخلي عينيه الاتنين ما بيتحركوش مع بعض.

strabismic; cross-eyed; walleyed

أخْـرَس - خَـرْسة - خُـرْس

المعنى حرفي لوصف حالة مرضية: ما بيعرفش يتكلم نتيجة لعيب خلقي أو جاله مرض خلاه ما بيتكلمش.

mute

أخْـنَـف - خَـنْـفة - خُـنْـف

المعنى حرفي: الشخص اللي عنده عيب خلقي في نطق الحروف الخارجة من منطقة المناخير.

nasal; has a nasal twang

أَربْاب سَـوابِق / سوابئ / - أَربْاب سَـوابِق - أَربْاب سَـوابِق

المعنى مجازي سلبي: شخص من أصحاب السوابق، يعني دخل السجن قبل كدا كذا مرة لأي تهمة قانونية أو اجتماعية، ومعنى ده إنه شخص غير موثوق فيه.

ex-con; has a (criminal) record

أَرْمَـــل – أَرملة – أَرامل

المعنى حرفي: لوصف راجل ماتت مراته أو ست مات جوزها.

widower / widow

أَروبة – أَروبة – أَوَاريب

المعنى مجازي سلبي أو إيجابي حسب السياق: شخص يعرف معلومات كتير وبيستخدمها وقت اللزوم حسب مصلحته.

إريال – مافيش مؤنث – أرايل

المعنى مجازي سلبي: شخص بيسَرّح نسوان، يعني بيجيب بنات للرجالة كنوع من أنواع الدعارة.

pimp

المعنى مجازي سلبي: شخص عارف إن فيه احتمال إن اتنين قاعدين لوحدهم وسايبهم من غير ما يمنعهم. وممكن نلاقي مثال ممتاز لما عادل إمام في فيلم *هالو أمريكا* اتضايق لما بنت عمه استضافت صاحبها في أوضتها وقفلوا الباب عليهم.

أُسْــتاذ ورئيس قسم – مافيش مؤنث – مافيش جمع

المعنى الحرفي: شخص بيشتغل أستاذ في جامعة وكمان رئيس قسم فيها.

literally a professor and the head of a department in a university

المعنى المجازي إيجابي: واحد شاطر في عمل حاجة وبحرفية جامدة زي المايسترو اللي بيقود الأوركسترا.

master at his craft; consummate pro

المعنى حرفي سلبي: شخص **مجنون**. | crazy; nuts

أصْـلَـع - صَـلْـعة - صُـلْع

المعنى حرفي: لما يكون الواحد معندوش شعر في راسه. (أصلع = أقرع) | bald

---

أصيل - أَصيلة - ولاد أصول

المعنى مجازي إيجابي: واحد بيعرف في الأصول ومن عيلة محترمة لها سمعة طيبة. | well-bred

---

أَطْـرَش - طَـرْشة - طُـرْش

المعنى حرفي لوصف حالة مرضية: واحد ما بيسمعش نتيجة لعيب خلقي، يعني عنده عيب في جهاز السمع أو بسبب مرض جاله. | deaf

---

أَعْرَج - عارْجة - عُـرج

المعنى حرفي لوصف حالة مرضية: واحد بيْزُك، يعني مشيته مش طبيعية وبيسند على رجل أكتر من التانية، نتيجة لعيب خلقي أو نتيجة حادثة، وممكن تكون رجل أطول سـنّة من الرجل التانية. | walks with a limp

أعْمى – عــامية – عُــمي

المعنى الحرفي لوصف حالة مرضية: واحد ما بيشوفش نتيجة لعيب خلقي أو حادثة أو حاجة حصلت في عينيه خلته ما بيشوفش – وكلمة "كفيف" ألطف كتير من كلمة أعمى.

blind

المعنى المجازي سلبي: شخص مش شايف حقيقة واضحة لباقي الناس.

blind to the obvious; oblivious

أقْــرَع / أئْرع / – قَــرْعة – قُــرع

المعنى الحرفي لوصف حالة: راجع المعنى الحرفي لكلمة **أصلع**. وكلمة **أقرع** بتتقال أكتر لما يكون الواحد ماعندوش شعر في راسة نتيجة مرض القراع.

bald

المعنى المجازي سلبي: بنقول "أقرع ونزهي" لما واحد ما يكونش عنده فلوس مثلاً ويتأمر في طلباته. يعني مثلاً لو (أ) ساكن في أمريكا وعايز يشوف صاحبه (ب) في مصر بس (ب) ماعندوش فلوس للتذكرة، فــ (أ) يقطع تذكرة لــ (ب) في الدرجة الاقتصادية، فــ (ب) يقول لــ (أ) "وليه ما قطعتليش تذكرة في الدرجة الاولى؟" فــ (أ) يقول له "إنت بتتأمر، أقرع ونزهي."

approx. moocher; one who lives beyond his means; spendthrift

أكِّـــيل – أكِّـــيلة – أكِّـــيلة / أكُـــولين

المعنى حرفي: لوصف شخص بياكل كل شوية وغالبًا بكميات كتير.

overeater; gourmand

أُلْــعُـــبان – مافيش مؤنث – مافيش جمع

المعنى مجازي سلبي: لما واحد يلعب بالبنات أو الستات وما يعملش علاقة جادة معاهم.

womanizer; player

اللي فـ قلبه على لسانه – اللي فـ قلبها على لسانها – اللي فـ قلبهم على لسانهم

المعنى مجازي إيجابي: شخص واضح وصريح وبيتكلم من غير ما يفكر.

straightforward; candid

المَــرْحوم – المرحومة – الله يرحمهم

المعنى مجازي لوصف حالة: شخص مات.

the late . . .

أمِّـــي

المعنى الحرفي: لوصف شخص جاهل، يعني ما بيعرفش يقرا ويكتب، وفيه تعبير الناس بتستخدمه له نفس المعنى "ما بيعرفش يفك الخط."

illiterate

المعنى المجازي سلبي: شخص ماعندوش الحد الأدنى من المعلومات عن حاجات كتيرة في الحياة.

clueless

أمير – أميرة – أُمَـرا

prince; emir

المعنى الحرفي: لوصف ابن ملك أو
منصبه زي أمير الكويت.

calm; well-composed

المعنى المجازي إيجابي: واحد طيب
وهادي الطباع.

أمين – أمينة – أُمَـنا

honest; trustworthy

المعنى حرفي إيجابي: عنده أمانة
ولما تديله فلوس أو حاجة ليها قيمة
عندك مثلاً يحافظ عليها ويردها لك
على أكمل وجه.

Note: It is common in Egypt for someone who, for whatever reason, is unable to open a bank account to leave money or valuables with another for safekeeping.

انْـتِـهازي

opportunist

المعنى حرفي سلبي: لما الواحد بيعرف
الناس عشان سبب ومصلحة، يعني لما
واحد مثلاً يخطب واحدة عشان مركز
أبوها وبعدين يسيبها عشان أبوها ما
بقاش عنده فلوس أو طلع على المعاش
أو ساب منصبه.

أنْـزوح

snobbish; stuck up

المعنى حرفي سلبي: لما واحد يكون
مغرور وشايف نفسه أحسن من غيره
وما بيتكلمش معاهم إلا ومناخيره لفوق.

إنْــسان – إنْــسانة – مافيش جمع

المعنى المجازي إيجابي: واحد بيعامل الناس بإنسانية وبيهتم بالمواقف الإنسانية وبيقدرها.

humane; compassionate

إنِــف

المعنى حرفي سلبي: لوصف شخص ما بياكلش أي حاجة وحتى اللي بياكله لازم يكون له مواصفات معينة والناس بتقول إن صعب إرضاءه في الأكل، يعني مثلاً ما بيحبش أنواع كتير من الخضروات وما بياكلش المكرونة إلا إذا كانت معمولة بطريقة معينة ... إلخ.

picky; finicky

أهْــبَــل – هَــبْــلة – هُــبْــل

المعنى الحرفي سلبي: واحد **عبيط** أو غبي.

stupid; idiot

المعنى المجازي سلبي: واحد **ساذج** و**على نيَّاتُه** وممكن الناس تضحك عليه وتخمه بسهولة وما بيعرفش ياخد حقه.

an easy mark; gullible; pushover

أهَــطَــل – هَــطْــلة – هُــطْــل

المعنى حرفي سلبي: واحد **عبيط** مش عارف يعمل إيه في أي موقف يقابله في الحياة.

unsavvy; clueless

أوَنْــطَــجي – أوَنْطَجيَّة – أوَنْطَجِيَّة

المعنى الحرفي إيجابي غالباً: لما واحد يبالغ في مدح الناس ويعرف يضحك على عقلهم بأسلوب لطيف إلى حد كبير.

charmer; flatterer

أيْ كَــلام – أيْ كَــلام – أيْ كَــلام

المعنى مجازي سلبي: لما واحد ما يحترمش كلمته نقول على الشخص ده أي كلام، أو لوصف كلام مالوش معنى أو تافه. وممكن نقول على فيلم أو رواية أي كلام، يعني مالهاش معنى واضح وتافهة.

untrustworthy; unreliable

shallow; stupid; lame

إيحة – إيحة – إيحة

المعنى الحرفي سلبي: شخص ما بيصرفش فلوس على نفسه أو على غيره بالحد الكافي، وما بيحبش يدي حد حاجة مادية. (إيحة = بخيل)

cheapskate; stingy

إيدُه خفيفة – إيدْها خفيفة – إيدهم خفيفة

المعنى مجازي سلبي : شخص نشال وبينشل الناس من غير ما حد يحس.

pickpocket

إيدُه سايبة – إيدْها سايبة – إيدهم سايبة

المعنى مجازي سلبي: شخص بيصرف فلوسه أول بأول وما بيحوش وممكن

spendthrift; extravagant

يستلف قبل ما ييجي أول الشهر عشان
يقبض. وساعات بنقول **إيده مخرومة**.
(إيده سايبة = مسرف)

إيدُه طايلة – إيدْها طايلة – إيدهم طايلة

المعنى مجازي سلبي: شخص غالبًا له نفوذ وممكن ينتقم من حد أذاه أيًّا كان ومهما كانت قوته أو نفوذه. يعني لو واحد أذاه وسافر بلد تانية مش حيسيب حقه وحيسلط حد ينتقم له في البلد اللي راح فيها الشخص اللي أذاه.

approx. powerful and well-connected

إيدُه طويلة – إيدْها طويلة – إيدهم طويلة

المعنى مجازي سلبي: واحد بيمد إيده في شنطة أو جيب حد وياخد منها حاجة بدون إذن.

has sticky fingers; larcenous; klepto

بارْبَع عيون – بارْبَع عيون – بارْبَع عيون

المعنى مجازي سلبي: واحد لابس نضارة وعايزين نتريق عليه.

four-eyes

بــــــارد

المعنى مجازي سلبي: واحد هادي زيادة عن اللزوم وما بيظهرش عليه أي انفعال أو رد فعل، زي مثلاً لو شتمنا واحد وما ظهرش عليه أي انفعال يبين إنه متضايق من الشتيمة بل بالعكس ممكن يضحك، وكمان زي لو واحدة بتوصف جوزها بإنه بارد عشان ما بيغيرش عليها.

stony; steely; cold; unfeeling

وفيه معنى تاني لما تكون الرغبة الجنسية عند واحد ضعيفة وبيأدي العملية الجنسية وكأنه بيعمل عمل روتيني زي ما يكون بيشرب كوباية مية وهو مش عطشان مع إن هو طبيعي جنسيًّا (ماعندوش ضعف جنسي).

frigid; someone with no sex drive

بِتَاع تلات وَرَقَات – مافيش مؤنث – بتوع تلات ورقات

المعنى مجازي سلبي: واحد بيضحك على الناس ويخمهم وينصب عليهم. وأصل المعنى جاي من لعبة كانت منتشرة في الموالد زمان وفي الحواري واللعبة دي بالكوتشينة ويحط فيها الراجل على الترابيزة تلات ورقات ويقول للناس "فين السنيورة ؟" (يعني البنت اللي في الكوتشينة) وطبعاً بيخبيها وما بيكونش فيه صورة بنت، والناس تحط فلوسها على الصورة اللي بيخمنوا إنها صورة البنت ولما ما تطلعش صورة البنت ياخد هو الفلوس (فيه مشهد من فيلم *حرامية في تايلاند* وفيلم *أصعب جواز* بيبين اللعبة دي).

crook; con-artist; scammer; hustler

بِـتاع سوق – بِـتاعة سوق – بِـتوع سوق

المعنى مجازي إيجابي: تاجر بيعرف يعامل كل واحد على حسب شخصيته وبيكون فاهم طبيعة التعامل معاه.

approx. a born salesman

بِتاع كاس – مافيش مؤنث – خمورجية

drunk; alcoholic; lush

المعنى مجازي سلبي: واحد بيسكر كتير ومدمن شرب.

بِتاع كوباية – مافيش مؤنث – خمورجية

المعنى مجازي سلبي: راجع المعنى المجازي لمصطلح **بِتاع كاس**.

بِـجِـح

audacious; brazen

المعنى حرفي سلبي: شخص ما بيتكسفش وبيعمل حاجات مش مناسبة ثقافياً بجرأة. يعني مثلاً لو واحد كان في حفلة وشاف واحدة لأول مرة وسألها أسئلة مش مناسبة بكل جرأة، زي مثلاً لو اتكلم معاها في الجنس وكأنه بيتكلم مع حد يعرفه من مدة وواخد عليه، أو لو كان بيبص على تفاصيل جسمها من غير ما يداري بصاته.

بَـحْـبوح

down-to-earth; easy-going; unassuming

المعنى إيجابي: شخص بيحب الناس وبيتقبل النقد وبيسترسل في الكلام مع الناس بدون تفكير وبدون تكلف أو حواجز.

بَــخيل – بَــخيلة – بُخَــلا

المعنى حرفي سلبي: راجع المعنى المجازي لكلمة **إيحة**.

cheap; stingy

بَــذيء / بزيء /

المعنى حرفي: شخص لسانه طويل وكلامه فيه كلام خارج كتير، يعني سهل يشتم بألفاظ خارجة.

foulmouthed

بَرابانط – بَرابانط – بَرابانط

المعنى الحرفي إيجابي: شخص بيتكلم لغة غير لغته الأولى بطلاقة وبسرعة زيه زي ابن اللغة.

speaks like a native

المعنى المجازي إيجابي أو سلبي على حسب السياق: شخص من أبناء اللغة بس بيتكلم بسرعة من غير ما ياخد نَفَسه (يبطل كلام شوية) ولو سرعته في الكلام زادت شوية بيكون صعب أوقات على ابن اللغة اللي زيه إنه يفهم كل كلامه من غير ما يطلب منه يعيد اللي بيقوله من وقت للتاني، وفي الحالة دي بنقول عليه "بياكل الكلام."

talks very fast

بَــراشوط – مافيش مؤنث – مافيش جمع

المعنى مجازي سلبي: شخص بيدخل على ناس يعرفهم عشان مصلحة مؤقتة، زي مثلاً لما تكون قاعد في مطعم ويدخل

approx. moocher; fair weather friend

واحد علاقتك بيه سطحية، لكن تلاقيه
ييجي يسلم عليك بحرارة ويقعد معاك
ويبين إنكم أصحاب وكل ده عشان تدفع
له حساب الأكل أو الحاجات اللي شربها،
أو لما واحد يعرفك معرفة سطحية لكن
ييجي يقعد معاك ويكلمك كأنه يعرفك من
زمان وكل دا عشان إنت قاعد مع بنات
حلوين وعايز يتعرف عليهم.

بِـــرَّاوي

approx. aloof

المعنى مجازي سلبي: شخص ما بيودِش
الناس وما بيسألش عليهم وبيكون غالباً
قلبه جامد، بمعنى إن سهل عليه إنه
ينسى أصحابه أو يسيبهم.

بُرُطَّة – بُرُطَّة – بُرُطَّة

slow and lumbering

المعنى حرفي سلبي: شخص **كسول**
وحركته بطيئة، وغالباً بتتقال على
التخان.

بُـــرَم – مافيش مؤنث – مافيش جمع

المعنى مجازي سلبي أو إيجابي على
حسب السياق: شخص عنده خبرات
معينة ما يقدرش يتباهى بيها أو يفتخر
بيها قدام الناس عشان الخبرات دي مش
مشرفة، لكن بيتباهى بيها لما الناس
أوقات بتحتاجها أو بيتباهى بيها قدام
أصحابه بس. يعني مثلاً لو فيه واحد

محترف في القرصنة على أجهزة الكمبيوتر وسرق مننا ملف مهم، وحكينا الحكاية دي لواحد وبعدين قال لنا: "طب أنا ممكن أدخل على جهازه من غير ما يعرف وأرجع لك الملف دا." (يعني هو من قراصنة الكمبيوتر برضه) فنقول له: "إزاي يا برم؟ ورينا حتعمل إيه."

بُـرْمَـجي – بُـرْمَـجية – بُـرْمَـجية

shady; slippery

المعنى مجازي سلبي: شخص بيلف ويدور في الكلام ومش ماشي دوغري في تعاملاته مع الناس.

بَـسْـكوتة – بَـسْـكوتة – مافيش جمع

dainty; delicate little flower

المعنى المجازي إيجابي: البنت الرقيقة اللي ما تتحملش أي تعب جسماني أو البنت الحساسة اللي تتأثر بسهولة من أي كلام مش مناسب أو يجرح مشاعرها.

big baby; wimp

المعنى المجازي سلبي: الراجل اللي مش متعود على أي عمل جسماني حتى ولو كان بسيط، يعني لو واحد حب يفك مسمار في جهاز وقال "إيدي وجعتني" فنقول عليه بسكوتة، يعني جسمه ممكن يتكسر (مجازاً) لما يبذل أي مجهود جسماني. وكمان ممكن نقول كدا على الراجل لما حد يقول له كلمة مش مناسبة ويزعل أو يتأثر.

بَــشِــع

المعنى مجازي سلبي: شخص سيء الطباع أو سيء في تعاملاته الحادة مع الناس.	a jerk; an asshole

---

بَــشوش

المعنى حرفي إيجابي: شخص على وشه فيه دايماً ابتسامة مريحة.	cheery; cheerful

---

بِصْــباص – بِصْــباصة – مافيش جمع

المعنى مجازي سلبي: شخص (غالباً للرجالة) بيبص على البنات وجسمهم بشهوة وبيعاكس البنات كتير.	lech

---

بَــصْــمَجي – بَصْــمَجية – بَصْــمَجية

المعنى الحرفي لوصف حالة: شخص **أمي**، يعني ما بيعرفش يقرا ولا يكتب ولما بيمضي على ورقة بيبصم بصباعه.	*approx.* illiterate
المعنى المجازي سلبي: شخص بيوافق على كل اللي يتقال له بدون تفكير.	yes man; follower (as opposed to a leader)

بَــغْــل – بَــغْــلة – بِــغَــال

المعنى مجازي سلبي: شخص زي البغل، والبغل هو نوع من أنواع الحيوانات، والمقصود منه إنه تخين وشكله وحش وممكن غبي.	oaf; a big lug; a big dumb guy

بَـلْـطَـجي – بَـلْـطَـجيَّة – بَـلْـطَـجيَّة

bully; extortionist; ruffian; thug

المعنى الحرفي سلبي: شخص، غالباً فتوة ومفتول العضلات وقوي، بيعيش على فلوس الناس بدون وجه حق، زي فكرة *الحرافيش* اللي صورها نجيب محفوظ في روايته. يعني ممكن يختلق مشكلة أو خناقة مع أي حد عشان الناس تتقي شره وتديله فلوس.

المعنى المجازي سلبي: ممكن نقول مثلاً ده شغل بلطجة لما نلاقي فيه غرامة لازم ندفعها بدون وجه حق. يعني مثلاً لو رحت تجدد رخصة العربية ولما جيت تدفع الضريبة قال لك الموظف إنك لازم تدفع ضريبة أزيد عشان الحكومة قررت إن ضريبة عربيتك زادت وعليك إنك تدفع الزيادة في الضريبة بأثر رجعي (يعني من ساعة ما اشتريت العربية) فتقول إن دا شغل بلطجة.

بَـليد – بَـليدة – بُـلَـدة

dunce

المعنى حرفي سلبي: طالب **كسلان** ودرجاته وحشه.

بِوشِّين – بِوشِّين – بِوشِّين

two-faced; backbiter

المعنى مجازي سلبي: شخص **منافق** بيتكلم مع شخص قدامه بوش حلو وكلام حلو، ومن وراه بيقول عنه عكس اللي كان بيقوله قدامه.

أو شخص بيتكلم عن مبادئ أو بيقول حاجة وبيعمل حاجة تانية.

بِــيرْجَع في كلامه – بترجع في كلامها – بيرجعوا في كلامهم

المعنى مجازي سلبي: شخص ما بيحافظش على وعده أو كلامه.

one who can't be trusted; goes back on his word; flaky

بيلْحَس كلامه – بتِلْحَس كلامها – بيلحسوا كلامهم

المعنى مجازي سلبي: راجع المعنى المجازي لمصطلح **بيرجع في كلامه**.

بيلعب بالبيضة والحجر – بتلعب بالبيضة والحجر – بيلعبوا بالبيضة والحجر

المعنى مجازي سلبي: شخص نصّاب.
راجع المعنى المجازي لمصطلح **بتاع تلات ورقات**.

بَــيَّــاع كَــلام – بَــيَّــاعة كَــلام – بَــيَّــاعين كَــلام

المعنى مجازي سلبي: شخص بيقول كلام وما بينفذوش، وغالباً بتتقال على مندوب المبيعات أو على الراجل اللي بيوعد الستات وما بينفذش وعده، يعني ممكن يخلي البنت تحبه ويوعدها بالجواز، وممكن يعمل كده مع كذا بنت تانية لكن ما بيتجوزش أي واحدة، وعكسها "بيحافظ على كلمته."

big talker; all talk

بيئة – بيئة – بيئة

unrefined; tacky; has no class

المعنى مجازي سلبي: شخص من بيئة شعبية ومش متربي أو ألفاظه وتصرفاته دون المستوى.

تَافِه

shallow; superficial

المعنى حرفي سلبي: شخص **سطحي** وماعندوش عمق في التفكير.

تُـحْـفة – تُـحْـفة – تُـحَـف

a gem; a treasure

المعنى الحرفي إيجابي: حاجة جميلة جدًا وما بتكررش كتير.

a piece of work

المعنى المجازي سلبي: شخص بيعمل حاجات عبيطة تضحك، وبنقول كده على شخص لما نكون عايزين نتريق عليه.

تِـخين فِـشِـلَّـة – تِـخينة فِـشِـلَّـة – مافيش جمع

blimp; morbidly obese

المعنى حرفي سلبي: شخص تخين قوي.

تِـعْـبان – حَـيَّـة – تَـعابين

snake

المعنى الحرفي: حيوان سام مالوش رجلين وبيعتبر من الزواحف.

sly; sneaky

المعنى المجازي سلبي: شخص **خبيث** وبيتبع أساليب ملتوية عشان يعمل اللي هو عايزه.

تَــقي – تَقِــيَّة – أَتْقِــيا

المعنى حرفي إيجابي: شخص **متدين**.

religious; observant

تِــقــيل – تِقيلة – تُــقال

المعنى مجازي إيجابي: واحد (أو واحدة) لما بيتكلم بيقول الكلمة المناسبة في الوقت المناسب وما بيتسرعش في الكلام.

man of few words; reserved

أو لشخص ما بيندلقش على الستات (أو الرجالة) حتى لو معجب بواحدة (أو معجبة بواحد).

one who plays it cool / plays hard-to-get

تِــلِــم

المعنى مجازي سلبي: شخص ماعندوش إحساس. راجع المعنى المجازي السلبي لكلمة **بارد**.

تِــلْــميذ / تلميز / – تلميذة – تلاميذ

المعنى مجازي سلبي: بنقول الصفة دي على سبيل السخرية من شخص ماعندوش خبرة في حاجة معينة، يعني مثلاً لو واحد قاعد مع ناس كلهم بيشربو ومن أول إزازة بيرة حس بدماغه بتلف (سِــكِــر) أو بيشربو شيشة أو سجاير، ومن أول نفس قعد يكح فنقول عليه "أصله تلميذ."

amateur; lightweight

تِـنِـك

uptight; stuck up; snooty

المعنى مجازي سلبي: شخص مش سلس في علاقته مع الناس وشايف **نفسه**.

ثَـقيل / سقيل / – ثَقيلة – ثُـقال

المعنى مجازي سلبي: شخص **دمه تقيل**.

جاهل – جاهلة – جَـهَـلة

المعنى الحرفي والمجازي سلبي: راجع المعنى الحرفي والمجازي لكلمة أُمّي.

جَـبان – جَبانة – جُـبَـنا / جَـبانات

coward; wimp

المعنى حرفي سلبي: شخص مش **شجاع** وبيخاف يعمل أي خطوة حتى لو مع مبادئه عشان خايف من العواقب.

جَـبّـار

ruthless; merciless

المعنى حرفي سلبي: شخص ماعندوش رحمة.

جِـبِـلّـة – جِـبِـلّـة – جِبِـلّـت

approx. unfeeling; insensible

المعنى حرفي سلبي: شخص ما بيحسش بأي جرح لو حد قال له كلمة مهينة.

جَـدَع – جَـدَعة – جِـدْعان

gallant

المعنى حرفي إيجابي: شخص **شهم**،
يعني بيقف جنب المحتاج وبياخد المبادرة
لمساعدة الناس وكمان لو حد طلب منه
المساعدة ما بيتأخرش. وممكن نقول
جدع بمعنى شاطر أو للتشجيع.

جِـــذَّاب / جزاب /

attractive; nice-looking

المعنى الحرفي إيجابي: شخص **وسيم**.

well-liked; likable; having a
magnetic personality; charismatic

المعنى المجازي إيجابي: شخص
شخصيته محبوبة والناس بتتشد ليه.

جَـرْبان

scabby

المعنى الحرفي لوصف حالة مرضية:
شخص بيهرش على طول عشان عنده
مرض الجرب الجلدي.

approx. slovenly; unkempt

المعنى المجازي سلبي: شخص مش
نضيف عامة وشكله مبهدل.

جَـرْبوع – جربوعة – جرابيع

approx. bum; loser

المعنى مجازي سلبي: شخص ما
حيلتوش حاجة، يعني فقير ومبهدل
ولبسه مش نضيف بس بيطلب حاجات
أعلى من إمكانياته. زي واحد بيتقدم
لواحدة وماعندوش فلوس وهي طموحة
أو مادية فتقول عليه جربوع، أو لو

واحد راح يتقدم لواحدة وأهلها مش موافقين عشان ما حيلتوش حاجة وهم عايزين يجوزو بنتهم لواحد **مريش،** لكن هي بتحبه وعايزة تتجوزه فأهلها يقولو لها: "دا جربوع!" أو "عاجبك فيه إيه الجربوع دا؟"

جَـــرْدل – جَـــرْدل – جَـــرَادل

المعنى مجازي سلبي: شخص **مالوش شخصية.**

spineless

وكمان ممكن نقول على واحد جردل للي بيقع بلسانه وبيقول على أسرار الناس من غير ما يقصد.

blabbermouth; has loose lips

جريء – جريئة – مافيش جمع

المعنى حرفي إيجابي: شخص **شجاع،** غالباً ما بيفكرش قبل ما يعمل حاجة عشان قلبه جامد.

bold; daring

جَـــزْمة – جَـــزْمة – جِـــزَم

المعنى مجازي سلبي: شخص **حمار** وغبي لأنه غير مرن في تعاملاته.

rigid; obstinate

جَـــشِـــع

المعنى حرفي سلبي: شخص ما بيكفيهوش اللي عنده وعايز أكتر من حقه حتى لو كانت حاجة بتاعة حد تاني.

greedy

جِـلْـدة – جِـلْـدة – جِـلْـدة

المعنى مجازي سلبي: شخص **بخيل**.
راجع المعنى المجازي لكلمة **إيحة**.

جَـلَـنْـف – مافيش مؤنث – جَـلَـنْـفات

المعنى حرفي سلبي: شخص ما بيعرفش في الإيتيكيت، يعني مثلاً ما بيعرفش يكلم الناس بذوق.

چِـنْـتِـل – مافيش مؤنث – مافيش جمع

المعنى حرفي إيجابي: شخص بيعرف يعامل الستات ومتواضع وبيعترف بغلطه لو غلط وبيعرف في الإيتيكيت.

gentleman

حادّ الطِـبـاع – حادّة الطِـبـاع – طَـبعهم حاد

المعنى مجازي سلبي: شخص عنيف في طباعه وبيرد على الناس بكلام شديد اللهجة بدون داعي.

abrasive; nasty

حاطِط إيده في المَـيّـة الباردة – حاطَّة إيدها في المَـيّـة الباردة – حاطِّين إيدهم في المَـيّـة الباردة

المعنى مجازي سلبي: شخص بطيء في أداء عمله حتى لو كان الموضوع مهم ولازم يخلص بسرعة وهو يقدر لكنه بيتكاسل.

dawdler; dragging his feet

حاطِط على قَلبُه / أَلبُه / مَراوِح – حاطَّة على قلبها مَراوِح – حاطِّين على قلبهم مَراوِح

المعنى مجازي سلبي: راجع المعنى المجازي لمصطلح **حاطط إيده في المية الباردة.**

حافي

المعنى الحرفي: شخص مش لابس حاجة في رجله.

barefoot

المعنى المجازي سلبي: شخص ما حيلتوش اللاضه (ما حيلتوش حاجة)، وغالباً بنقصد إنه فقير وعايز حاجة هو مش قدها من الناحية المادية. راجع المعنى المجازي لكلمة **جربوع.**

a poor person with expensive tastes; *approx.* she's out of his league

---

حانوتي – حانوتيّة – حانوتيّة

المعنى الحرفي: مهنة الشخص اللي بيدفن الأموات.

undertaker

المعنى المجازي سلبي: راجع المعنى الحرفي لكلمة **بخيل.**

حِـبالُه طويلة – حِـبالْها طويلة – حِـبالهم طويلة

المعنى مجازي سلبي: راجع المعنى المجازي لمصطلح **على قلبه مراوح.**

حَـبُّـوب

المعنى حرفي إيجابي: شخص محبوب من الناس بصفة عامة والبنات بصفة خاصة.

well-liked; popular

حَـبِّـيب – حَـبِّـيبة – حَـبِّـيبة

المعنى مجازي إيجابي أو سلبي على حسب المقصود ولد أو بنت: فالمعنى الإيجابي بيكون للراجل اللي عرف في حياته بنات كتير وبتاع بنات، والمعنى إيجابي عشان البنات بتحب الراجل ده. (وممكن مراجعة فيلم *إشاعة حب* لعمر الشريف وسعاد حسني وفيلم *البنات والصيف* القصة التالتة لعبد الحليم حافظ وسعاد حسني). والمعنى بيكون سلبي لو كانت البنت هي اللي بتعرف رجاله كتير.

of a male ladies' man

of a female tramp

حِـدِق / حِـدِء /

المعنى مجازي إيجابي: شخص بيفهم الكلام من التلميحات بسرعة وبدون توضيح، وبنقول "بيفهمها وهي طايرة." ومن الجمل الشائعة "الحدق يفهم!" وبتتقال بشكل ساخر لما يكون الكلام مش محتاج توضيح.

one who can read between the lines; picks up on things quickly; perceptive; quick

---

حِـرْباية – حِـرْباية – مافيش جمع

المعنى الحرفي: حيوان من الزواحف بيتغير لون جلده مع الحاجة اللي واقف عليها.

chameleon

flip-flopper; waffler	المعنى المجازي سلبي: شخص بيغير مواقفه السياسية وبيمشي مع الموجة حسب مصلحته.
fickle; capricious	وكمان لما يغير الشخص رأيه بسرعة وماحدش يعرف له موقف محدد في الحياة.

حَــرِّيف – حَــرِّيفة – حَــرِّيفة

talented; skilled	المعنى الحرفي إيجابي: لِـعَّيب الكورة مثلاً الموهوب.
approx. has a golden touch; has the Midas touch	المعنى المجازي إيجابي: شخص بيعرف "من أين تؤكل الكتف،" يعني بيعرف يتعامل مع مواقف الحياة المختلفة على إن كل موقف زي اللعبة وبيعرف قوانينها وبيلعبها كويس. يعني مثلاً واحد دخل مشروع اقتصادي ونجح مع إنه ما دخلش المجال ده قبل كده. وكمان ممكن نقول "حريف سياسة" يعني دايماً بينجح في الانتخابات.

حِــرك

shrewd; resourceful	المعنى مجازي إيجابي: شخص بيعرف يتصرف في الأمور وبيتحرك لحل المشاكل بطرق مختلفة.

حَـسَّـاس

المعنى الحرفي السلبي: شخص بيتأثر بسرعة من كلام الناس. يعني مثلاً واحد بيقول لصاحبه "إنت دمك تقيل" فيزعل منه وهنا لو قال له "بَطّـل الحساسية اللي إنت فيها" فيبقى المعنى سلبي.

(overly) sensitive; touchy; thin-skinned

المعنى الحرفي الإيجابي: لو واحد هزر مع واحد هزار تقيل وقال له كلمة جارحة، فلو زعل التاني فنقول طبعاً له حق يزعل عشان هو حساس. وعكسها هنا **جِـبِـلّة**.

antonym / **gibilla** / , someone unfeeling or insensible

حَـسُـود

المعنى حرفي سلبي: شخص بيحسد الناس اللي حواليه باستمرار.

envious; covetous

حَـسيس

المعنى حرفي إيجابي: شخص **حساس** قوي. لكن الاستخدام الأكثر شيوعا هو لما بنقول لواحد "خليك حسيس!" ومعناه إن الشخص ما بيراعيش الآخرين في مشاعرهم.

sensitive; empathetic

حِـشَـري

المعنى حرفي سلبي: شخص بيتدخل في أمور ما تخصهوش، يعني بيتدخل في شئون غيره.

meddlesome; busybody; nosy

حُـقْـنة / حوئنة / - حُـقْـنة - حُـقْـنة

المعنى المجازي السلبي: شخص بيفرض رأيه ودايماً متمرد أو معارض. فمثلاً لو واحد عنده شقة فاضية وواحد صاحبه كلمه وقال له إنه عايز يأجر الشقة لأخته لكن صاحب الشقة – لسبب ما – مش عايز يأجرها له وقال له، عشان ما يبقاش فيها إحراج، إن الشقة مش جاهزة. فيقول له الشخص الحقنة "ليه مش جاهزة؟ ممكن نوضبها،" فصاحب الشقة يقول له "أصل فيه حد تاني ممكن اتفق معاه بعد كام شهر،" فيقول له "سيبك منه، إمتى ممكن أقول لأختي تيجي الشقة؟" فصاحب الشقة يقول له "لكن ما ينفعش أرجع في كلامي" فيقول له "خليك جدع بقى" ويحاول تاني وتالت عشان ياخد الشقة، ولما حد يسأل صاحب الشقة ليه ما أجرتهالوش يقول "أصله حقنة وحيتعبني في دفع الإيجار ومشاكله كتيرة."

pushy

المعنى المجازي الإيجابي: شخص **مشاكس** بيقف ورا حق المظلوم.

(tireless) crusader; one who stands up for what's right

حَـكيم - حَـكيمة - حُـكَما

المعنى الحرفي إيجابي: شخص غير **متسرع** وبيعرف يوزن الأمور كويس قبل ما يتصرف.

wise

physician

An obsolete usage, rarely used today outside of the lowest register of Egyptian Colloquial Arabic (as described by Said Badawi in *Mustawayaat al-Lugha fee Misr*, 1973).

المعنى المجازي: استخدام قديم لوصف مهنة الدكتور، مش بيستخدم دلوقتي إلا نادراً في عامية الأميين (يمكن مراجعة وصف د. بدوي لعامية الأميين في كتابه *مستويات اللغة في مصر* – دار المعارف، 1973).

حَــلَــنْــجي – حَــلَــنْــجية – حَــلَــنْــجية

approx. Machiavellian; schemer

المعنى حرفي سلبي: شخص بيلف ويدور عشان ياخد اللي هو عايزه وممكن يغير جلده زي **الحرباية**، يعني يغير من شخصيته، عشان يوصل للي هو عايزه.

حِــلو

literally a beautiful person

المعنى الحرفي: شخص جميل.

المعنى المجازي سلبي: بنقول "طب مانتَ (ما إنتَ) حلو أهو!" لشخص بيستعبط وبعدين يبين إنه فهم المقصود.

حَــليم – حَــليمة – مافيش جمع

patient; forbearing

المعنى حرفي إيجابي: شخص صبور.

حُــمار – حُــمارة – حِــمير

donkey; ass

المعنى الحرفي: حيوان مشهور عنه التحمل والغباء.

idiot

المعنى المجازي سلبي: شخص غبي.

حَـمَّـال قَسِــيَّة / أسية / – حَـمَّـالة قَسِــيَّة – حَـمَّـالين قَسِــيَّة

stoic; long-suffering

المعنى مجازي إيجابي: شخص بيتحمل
المصاعب والقسوة بصبر وبيتعامل معاها.

حَـنْـبَـلي

approx. rigid; pencil pusher

المعنى مجازي سلبي: شخص بيعقد
الأمور و**متزمت** لأقصى درجة. وأصل
الكلمة جاي من اسم الإمام ابن حنبل
واللي كان معروف عنه إنه غير
متساهل ومتزمت في تفاسيره الدينية.

حِـنَـيِّـن

approx. sweet

المعنى حرفي إيجابي: شخص طيب
وعطوف، وبتتقال في مجال الأسرة أكتر.

حَـويط

approx. paranoid; cunning

المعنى حرفي سلبي: شخص مش سهل
وبيعتقد إن الناس غدارة، وبيكون رد
فعله فيه حيطة (احتراس) وممكن يكون
خبيث برضه.

حَـيْـزَبون – مافيش مذكر – مافيش جمع

approx. cougar; sugar mama

المعنى مجازي سلبي: ست عجوزة
ووحشة بتحب رجالة صغيرين في
السن قد ولادها، وممكن نقول لواحد
"إيه اللي رماك على الحيزبون دي؟"
فيقول مثلاً "عشان فلوسها"
أو "عشان أمَشّي مصلحتي."

خاطِـب – مخطوبة – مخطوبين

المعنى حرفي: شخص مرتبط رسمي قبل الجواز.

engaged

خام – خام – خام

المعنى مجازي سلبي أو إيجابي على حسب السياق: شخص مالوش خبرة في الحياة عامةَ وفي العلاقات مع الجنس الآخر خاصةً.

raw; green; wet behind the ears

خايِـــب

المعنى حرفي سلبي: شخص فشل في عمل حاجة، وغالباً بتتقال في المجال الدراسي.

approx. drop-out; loser

خايِـــب ونايِـــب

المعنى حرفي سلبي: راجع المعنى الحرفي لكلمة **خايب**.

خَـبيث – خَبيثة – خُـبَـثة

المعنى حرفي سلبي: شخص بيعمل حيلة عشان يوصل للي هو عايزه.

sneaky; sly

خَـدوم

المعنى الحرفي إيجابي: شخص بيحب يخدم الناس.

خَــرْتي – خَرْتية – خَرْتية

المعنى مجازي سلبي: شخص **صايع** (مالوش شغل) وبيقف على نواصي الشوارع اللي فيها تجمعات من الأجانب السواح، زي وسط البلد في القاهرة، عشان يعمل مصلحة مع الأجانب. يعني بيحاول يتعرف على الأجانب وبيضرب (بيعمل) معاهم صحوبية عشان يطلع له بقرشين. فمثلاً يتعرف على الأجانب وياخدهم على كوفي شوب معين هو عارفه ومتفق مع اللي شغالين فيه عشان يزودو في الأسعار، وبعد ما الأجنبي يحاسب يرجع تاني للقهوة ويقاسم اللي شغالين في القهوة على فرق السعر.

approx. hustler; con man

خَــرِّيج إصْــلاحيَّــة – خَــرِّيجة إصْــلاحيَّــة – خَــرِّيجين إصْــلاحيَّــة

المعنى حرفي: شخص اتربى في الإصلاحية. والإصلاحية هي المكان اللي لما ولد صغير أو شاب أقل من ١٦ سنة يرتكب جريمة بيدخله بدل ما يدخل السجن عشان يتعلم مهنة وأخلاقيات عشان يتصلح حاله. ولما يخرج منها الناس بتقول عليه خريج إصلاحية بشكل سلبي، يعني ممكن يرجع يرتكب جريمة تاني.

juvenile delinquent

خِــرِع

المعنى حرفي سلبي: شخص ما بيتحملش أي حاجة بصورة عامة، ولو

big baby; wuss; whiner

مثلاً قعد في الحر شوية يشتكي كتير
ويجري على مكان تاني فيه ضلة.

خَـرْمان

has a nicotine craving

المعنى الحرفي: شخص محتاج نيكوتين
زي السجاير أو الشيشة.

jonesing; craving

المعنى المجازي: شخص محتاج حاجة
وبيشبهها بالنيكوتين، والاستخدام ده
غير شائع.

خُـرْنُج – مافيش مؤنث – خرنجات

spineless

المعنى حرفي سلبي: شخص مالوش
شخصية.

خَـسيس – خسيسة – مافيش جمع

unprincipled; unscrupulous

المعنى حرفي سلبي: شخص ماعندوش
مبادئ.

خَـفيف – مافيش مؤنث – مافيش جمع

doesn't know what he's doing;
approx. amateur; lightweight

المعنى مجازي سلبي: شخص ممكن يقع
في مشكلة بسهولة عشان ماعندوش
خبرة.

خمورجي – خمورجيَّة – خمورجيَّة

alcoholic; lush

المعنى حرفي سلبي: شخص بيشرب
ومدمن خمور.

خَـمورجي درجة أولى – خَـمورجيَّة درجة أولى – خَـمورجيَّة درجة أولى

المعنى مجازي سلبي: شخص بيشرب
خمرة صح. راجع المعنى الحرفي
لمصطلح خمورجي.

خَـنزير – خنزيرة – خنازير

literally pig

unfeeling

المعنى مجازي سلبي: شخص بنشبهه
بحيوان الخنزير، وبنقول كده على واحد
ما بيحسش اعتقاداً منا إن الخنزير تخين
وما بيحسش.

خَـنيق / خنيء /

control freak; meddler

المعنى مجازي سلبي: شخص بيخنق
الناس اللي بيتعامل معاهم بنصايحه،
ويمكن مراجعة فيلم *أنا مش معاهم*
بطولة أحمد عيد إنتاج ٢٠٠٧.

خَـيال مآتَه – خَـيال مآتَه – مافيش جمع

spineless

المعنى مجازي سلبي: شخص **مالوش
شخصية**. (خيال مآته = زي قلته =
مامنوش فايدة)

خيخة – خيخة – خيخة

wishy-washy; irresolute

المعنى مجازي سلبي: شخص ما
بياخدش قرار و**مالوش شخصية**.

داهية – داهية – دواهي

المعنى مجازي سلبي: شخص حويط ومكار.

wily; sneaky

داير على حل شعره – دايرة على حل شعرها – دايرين على حل شعرهم

المعنى مجازي سلبي: شخص (غالباً بتتقال أكتر على الستات) له علاقات كتير وبينام معاهم بدون حساب.

of a male womanizer; philanderer

of a female loose; slutty

دِبلوماسي

المعنى الحرفي لوصف مهنة: السياسي اللي بيشتغل في وزارة الخارجية.

diplomat

المعنى المجازي إيجابي: شخص بيعرف يتكلم بلباقة وحنكة وكياسة.

diplomatic

دَجَّــال

المعنى الحرفي: راجل بيدعي إنه بيعرف الماضي والحاضر والمستقبل للناس عن طريق الجن وبيعمل أعمال للناس عشان تربط ناس تانيين. ممكن مراجعة فيلم *إسماعيل يس في مستشفى المجانين* وفيلم *ثلاث نساء*، القصة التانية، بطولة هدى سلطان وفيلم *يا أنا يا خالتي* وفيلم *جاءنا البيان التالي* بطولة محمد هنيدي.

approx. psychic

المعنى المجازي سلبي: شخص بيضحك على الناس وبينصب عليهم في الحياة العامة.

fraud; swindler; charlatan

دَحِّــيح – دَحِّــيحة – دَحِّــيحة

المعنى حرفي إيجابي أو سلبي حسب السياق: الطالب اللي بيذاكر كتير ومقطع نفسه من المذاكرة وبيكون من الأوائل في الدراسة.

nerd; geek

دَقَّــة قديمة / دَئَّة أديمة / – دقَّــة قديمة – دَقَّــة قديمة

المعنى مجازي سلبي: شخص بيفكر وبيتصرفْ بموضة زمان، يعني مثلاً لما واحد بيلبس بنطلون موضة قديمة وما بيغيروش مع اختلاف الموضات.

old-fashioned

دكَــر – نتاية – دُكُرة / نِتي

المعنى المجازي الإيجابي لكلمة دكر: راجل قدرته الجنسية عالية.

a man with great sexual prowess

وممكن تتقال لما يكون **جدع**.

a man (as in "be a man")

المعنى المجازي السلبي لكلمة دكر: ست مسترجلة وبتتصرف زي الرجالة، وكلامها وتصرفاتها فيها ندية (بالمفهوم الشرقي). وممكن مراجعة رواية *شيكاجو* للأديب علاء الأسواني (الطبعة الأولى، ٢٠٠٧، دار الشروق) صـــ ١٤٥ لمفهوم الندية – يعني مافيهاش أنوثة – ومفهوم الأنوثة موجود في نفس الرواية في صـــ ١٤٣.

tomboy, butch

المعنى المجازي الإيجابي لكلمة نتاية: ست جسمها **فاير**، يعني معظم الرجالة بيكون نفسهم فيها، وممكن نقول عليها **فرس** أو **فرسة**.

voluptuous; womanly; hot

دَلُّــوع

المعنى حرفي سلبي: شخص بيعتمد على غيره وبيشتكي كتير وبيتصرف زي الأطفال لما بيتدلعوا.

a big baby

دِماغ – دِماغ – دِماغ

المعنى مجازي إيجابي: شخص مختلف في تصرفاته لكن بيعمل كل حاجة بمزاج وله طقوس معينة في عمل حاجات معينة عشان يستمتع بيها بطريقة مختلفة وروشة. يعني مثلاً لو واحد حكى لنا وقال إنه عشان يتفرج على فيلم في أجازته فبيجهز الشيشة وبيحط في الشيشة تلج وبيجيب معسّــل من نوع معين وبيبتدي بقزقزة اللب والسوداني وبعدين الشاي بالنعناع وبعدين يشرب الشيشة ويولع شمع حواليه ... إلخ فنقول عليه "دماغ."

set in his ways; always has to do something a certain way

دِماغُه طَــقَّة – دِماغْها طَــقَّة – دِماغْهم طَــقَّة

المعنى مجازي سلبي: شخص تفكيره غريب ومش صح بالنسبة لقراراته الغلط اللي نتايجها بتثبت كده.

wacky; bonkers

دَمُّه تقيل – دَمَّها تقيل – دَمُّهم تقيل

المعنى مجازي سلبي: عكس **دمه خفيف**.

uptight

دَمُّه خفيف – دَمَّها خفيف – دَمُّهم خفيف

المعنى مجازي إيجابي: شخص خفيف الظل، بمعنى إنه لطيف وبيضحك اللي حواليه.

funny; jovial; a fun, pleasant person

دَمُّه يُلطُش – دَمها يُلطُش – دَمهم يُلطُش

المعنى مجازي سلبي: راجع المعنى المجازي لمصطلح **دمه تقيل**.

دَمَوي

المعنى مجازي سلبي: شخص بيحب العنف والدم.

having bloodlust; one who likes violence

دِني – مافيش مؤنث – مافيش جمع

المعنى حرفي سلبي: شخص مادي لأقصى درجة وممكن يبيع أي حاجة (مجازاً) عشان مصلحته وعشان حاجة تافهة. يعني مثلاً لو واحد عنده بنت عندها ١٧ سنة وهو فقير وفيه واحد عنده ٧٠ سنة وعايز يتجوز البنت الصغيرة، فيعزم أبوها الفقير على الغدا كل يوم وممكن يديله حشيش لو هو حشاش ويجيب له خمور، والراجل الفقير دا ممكن يجوز بنته الصغيرة

selfish; self-seeking

للعجوز عشان مصلحته، وفي الحالة دي
بنقول إنه باعها (مجازاً) للراجل العجوز
عشان هو دني.

دُهُلّ – مافيش مؤنث – مافيش جمع

indiscreet; tattler; blabbermouth

المعنى حرفي سلبي: شخص ممكن
ينسحب من لسانه ويقول على أسرار
ناس بسهولة ويوقعهم في مشاكل، يعني
سهل استدراجه لكشف أسرار شغله أو
الناس اللي يعرف عنهم معلومات.

دَؤوب

tireless

المعنى حرفي إيجابي: شخص بيواظب
على عمله وما بيزهقش.

دوغْــــري – دوغْـري – دوغْـري

المعنى مجازي إيجابي: شخص ماشي
على الصراط المستقيم، يعني ماشي بما
يرضي الله، وما بيعملش حاجة تغضب
ربنا، يعني أمين وشريف وغالباً بيكون
بيصلي ويصوم ... إلخ.
(دوغري = زي الألف = مستقيم)

دينامو – دينامو – دينامو

trooper; tireless

المعنى مجازي إيجابي: شخص نشيط
وعنده دافع ذاتي لتجديد نشاطه بغض
النظر عن الظروف حتى لو كانت سيئة.

ذِمّته أستك / زمّــته أستك / - ذِمّتها أستك - ذِمّتهم أستك

المعنى مجازي سلبي: شخص من السهل عليه ياخد رشوة من واحد عشان يعمل له حاجة ضد القانون، ولو حد إداله فلوس أكتر ممكن يبيع الشخص الأولاني، يعني ما يعملش للأولاني حاجته ولا يرجع له فلوسه ويعمل الحاجة للي يدفع أكتر.

corrupt; for sale; on the take

ذِمّــته واسعة / زمّــته واسعة / - ذِمّــتها واسعة - ذِمّــتهم واسعة

المعنى مجازي سلبي: راجع المعنى المجازي لمصطلح **ذِمّته أستك**.

راجل من ضَــهْر راجل - مافيش مؤنث - مافيش جمع

المعنى مجازي إيجابي: شخص **شهم** ودليل على كده إن أبوه شهم كمان.

approx. a chip off the old block

راجل مِــيَّة مِــيَّة - مافيش مؤنث - رجالة مِــيَّة مِــيَّة

المعنى مجازي إيجابي: شخص الناس معجبة بطريقة معاملاته بصفة عامة.

upstanding person

رَاسُه ناشفة - رَاسْها ناشفة - رَاسْهم ناشفة

المعنى مجازي سلبي: شخص **عنيد**.

stubborn; pigheaded; intransigent

راسي

المعنى مجازي إيجابي: شخص بيفكر كويس قبل ما يعمل الحاجة وغالباً

prudent; levelheaded; rational

بيكون قراره سليم. (راسي = راكز =
رزين = متأني)

راقي

classy

المعنى مجازي إيجابي: شخص من عيلة
وابن ناس.

رَاكِب دماغه – رَاكْبة دماغها – راكبين دماغهم

pigheaded; stubborn; has his
mind made up

المعنى مجازي سلبي: شخص **عنيد**
ومصمم على رأيه ومش عايز يغيره.

راكبه عفريت – راكبها عفريت – راكبهم عفريت

المعنى مجازي سلبي: شخص عايز
يعمل مـــيْة (ميت) حاجة في نفس
الوقت. (راكبه عفريت = معفرت)

راكز

المعنى مجازي إيجابي: راجع المعنى
المجازي لكلمة **راسي.**

رايق / رايء /

cool; laid back

المعنى مجازي إيجابي: شخص بيعمل
كل حاجة بمزاج وبدون تسرع.

رِقِـــم / رِئِـــم /

doesn't miss anything; nothing

المعنى مجازي إيجابي: شخص شديد
الملاحظة. يعني مثلاً اتنين قاعدين مع

بعض والشخص الرقِم لاحظ إن فيه صفار بيض على قميص التاني، فيقول له: "كان حلو البيض اللي فطرت بيه النهارده؟"

slips by him

رَجْــعي

المعنى مجازي سلبي: شخص عايش بأفكاره في الماضي، بأفكار ومبادئ العصر السابق.

reactionary; old-school; ultraconservative

رِخِــم

المعنى حرفي سلبي: شخص غلس بيضايق الناس عشان يضحك هو.

obnoxious

رِزِل

المعنى حرفي سلبي: شخص زنان وبايخ.

pain in the ass

رَزِين – رَزِينة – مافيش جمع

المعنى حرفي إيجابي: راجع المعنى المجازي لكلمة **راسي**.

رِطْــراط

المعنى حرفي سلبي: شخص بيعيد ويزيد في نفس الكلام بدون فايدة، وكتير بنقول "بيلِــت ويعجِــن."

one who rambles

رَغَّـاي

windbag; talkative; blabberer

المعنى مجازي سلبي: شخص بيتكلم
كتير بدون فايدة أو معنى.

رَقِيع – رقيعة – مافيش جمع

approx. inappropriate; effeminate

المعنى مجازي سلبي: شخص بيعمل
حاجات ما يعملهاش غير الستات أو
حاجات خليعة، يعني فيها قلة أدب
ومش مناسبة، أو بيتكلم مع الستات في
موضوعات خاصة بيهم من غير ما
يكون فيه صداقة أو علاقة تسمح له
بذلك. فمثلاً لو واحد كان جرئ واتكلم
مع واحدة في الجنس من أول أو تاني
مرة يشوفها، أو لو واحد بيحط ماكياج
خفيف – يعني روج مثلاً – وبيمشي
زي الستات أو بيلبس حلق.

رَكِّـيب درجة أولى – مافيش مؤنث – مافيش جمع

seducer; womanizer; Don Juan;
pick-up artist

المعنى مجازي إيجابي: بتتقال في سياق
غير رسمي بين الطبقة الشعبية في
سياق عامية الأميين لشخص بيعرف
ينام مع الستات.

رِمْرَام

pig; glutton

المعنى الحرفي سلبي: شخص بياكل أي
حاجة حتى لو ما كانتش صحية أو
الحاجات اللي بياكلها مالهاش علاقة
ببعض أو بياكل البواقي.

not picky; undiscriminating	المعنى المجازي سلبي: شخص ما بينقيش قبل ما يختار، وبتتقال للشخص اللي بيعرف وبينام مع أي ست والسلام، يعني أي واحدة، بس عشان ينام مع ست.

روِش

hip; cool	المعنى مجازي إيجابي: تتقال بين الأصحاب لشخص بيحب يعمل حاجات مختلفة بيحبها الشباب اللي زيه وخاصة البنات، زي لو تسريحة شعره على الموضة.

زِبالة – زِبالة – زِبالة

trash; scum	المعنى مجازي سلبي: شخص من قاع المجتمع.

زُبون – مافيش مؤنث – مافيش جمع

approx. amateur; lightweight	المعنى مجازي سلبي: بتتقال بسخرية لشخص ممكن ينضحك عليه بسهولة، وغالباً بيستخدم المعنى ده بين الأصحاب لما مثلاً يكون فيه شلة بتلعب طاولة وييجي واحد صاحبهم يتكلم عن مهارته في اللعب، فواحد من الشلة يقول "طب هاته ده زبون" يعني خليه يلعب معايا وحوريكم إنه حيتغلب بسهولة.

زِفْت – زِفْتة – زي الزِفْت

المعنى مجازي سلبي: شخص مش كويس بصفة عامة.

jerk

زَلانْـــطَحي

المعنى حرفي سلبي: راجع المعنى الحرفي لكلمة **جلنف**. (زلانطحي = قفا)

boor; lout

زُنْـــبَـــجي – زُنْـــبَـــجيَّة – مافيش جمع

المعنى مجازي سلبي: شخص بيتسبب في مشاكل للناس عن قصد. يعني مثلاً لو واحد بيشتغل معايا وأنا جيت الشغل متأخر شوية ومن غير ما المدير يسأله خلق سياق للحديث عشان يقول للمدير إني جيت متأخر، أو مثلاً الزنبجي يقول للمدير معلومات عن شخص تاني مش صحيحة بهدف إنه يخلي شكل زميله وحش فالمدير يعامله وحش. ومثل تاني لو واحد روح ولقى مراته بتحقق معاه وبتسأله كان فين وقابل مين من الستات ممكن يفكر إن حد إداله زنبة، يعني ممكن يكون حد شافه بيكلم زميلة له بره الشركة وكلم مراته وقالها إنه شاف جوزها ماشي مع واحدة أو كان قاعد مع واحدة في كوفي شوب.

backbiter; backstabber

زِنْـــديق – زِنديقة – زَنَادِقة

heathen; infidel; heretic

المعنى مجازي سلبي: لوصف شخص
ما بيؤمنش بربنا وبيعمل حاجات ضد
الدين علناً، يعني قدام الناس، من غير
ما يكون مكسوف من اللي بيعمله. يعني
مثلاً شخص بيحاول يروّج لشرب
الخمرة أو لممارسة الجنس أو الدعارة
أو بيدعو الناس لعدم الإيمان بربنا.

زَنَّـــان

pest; pain in the ass

المعنى مجازي سلبي: شخص بيطلب
الحاجة بإلحاح.

زِنْـــرِد – زِنْـــرِدة – مافيش جمع

approx. geeky; nerdy

المعنى مجازي إيجابي: شخص صغير
الحجم بغض النظر عن سنه لكنه ذكي.

زَي الألف – زَي الألف – زَي الألف

reputable; honest

المعنى مجازي ايجابي: شخص سمعته
ممتازة في التعاملات وخاصة التجارية.
راجع المعنى المجازي لكلمة **دوغري**.
(زي الألف = مستقيم)

زَي البِـــرْلَـــنْـــت – زَي البِـــرْلَـــنْـــت – زَي البِـــرْلَـــنْـــت

المعنى مجازي إيجابي: شخص سمعته
ممتازة في التعاملات المادية، يعني لو
اتفق مع حد على شغل معين وخد فلوس

منه حتى لو ما كتبش شيك أو عقد
فحينفذ اللي اتفق عليه.
(زي البرلنت = زي الجنيه الدهب)

زَي البومة – زَي البومة – مافيش جمع

المعنى مجازي سلبي: شخص شكله
قبيح.

زَي الجِـنيه الدهب – زَي الجِـنيه الدهب – زَي الجِـنيه الدهب

المعنى مجازي إيجابي: راجع المعنى
المجازي لمصطلح زي **البِـرْلَـنْـت**.

as good as his word; his word is as good as gold

زَي القِـرْد – زَي القِـرْد – مافيش جمع

المعنى مجازي سلبي: شخص قبيح
وشكله وحش قوي. وفيه مثل مشهور
"يا واخده القرد على ماله، يروح المال
ويفضل القرد على حاله."

literally ape

hideous; repulsive

The proverb means: "She who chooses an ape for his money will find the money gone, but the ape remains an ape."

زَي قِـلِّـته – زَي قِـلِّـتها – زَي قِـلِّـتهم

المعنى مجازي سلبي: راجع المعنى
المجازي لمصطلح **خيال مآتة**.

ساذج / سازج /

المعنى حرفي غالباً سلبي: شخص
ماعندوش خبرة في الحياة.

naive; unsavvy

سايــــب

shameless; loose

المعنى مجازي سلبي: شخص مالوش
كبير، يعني بيعمل اللي هو عايزة بدون
مراعاة للعرف أو العادات والتقاليد.

سَــخيف – سَــخيفة – سُــخَــفة

silly; goofy

المعنى حرفي سلبي: شخص بيقول أو
بيعمل حاجات مالهاش معنى وبايخة،
يعني مثلاً لو كنا قاعدين في مكان
وكنت باشحن الموبايل وبعدين جه واحد
(السخيف) وشال شاحن الموبايل من
غير داعي.

سِــرُّه باتع – سِــرَّها باتع – سِــرُهم باتع

has a golden touch/a Midas
touch

المعنى مجازي إيجابي: شخص كل ما
يتدخل في حاجة تنجح، يعني مثلاً
شخص أقنع واحد بحاجة كان ناس كتير
بيحاولوا يقنعوه ورفض لكن الشخص ده
قدر على اللي ما قدرش حد عليه.

سَــرِّيح – سَــرِّيحة – سَــرِّيحة

day laborer; day worker

المعنى الحرفي: شخص بيشتغل اليوم
بيومه معتمد على دخل غير ثابت.

pimp

المعنى المجازي سلبي: بتستخدم بين
الطبقة الشعبية أو في سياق عامية
المتنورين أو الأقل لشخص بيجيب ستات
للرجالة وبنقول "بيسرح نسوان".

سَريع الانفعال – سَريعة الانفعال – مافيش جمع

المعنى حرفي سلبي: شخص بيتصرف بتسرع وبينفعل بسرعة.

excitable; irritable

سَريع الغضب – سَريعة الغضب – مافيش جمع

المعنى حرفي سلبي: شخص بيغضب بسرعة.

short-tempered; quick to anger

سَطْحي

المعنى حرفي سلبي: راجع المعنى الحرفي لكلمة **تافه**.

سُطَل – سُطَل – سُطل

المعنى مجازي سلبي: شخص بينسى كتير عشان مش مركز أو ذاكرته ضعيفة.

forgetful; spacey

سَفْروت – سَفْروتة – مفيش جمع

المعنى حرفي إيجابي غالباً: شخص صغير الحجم بيتحرك بسرعة.

approx. wiry

سُكَري – سُكَريَّة – سُكَريَّة

المعنى حرفي سلبي: راجع المعنى الحرفي لكلمة **خمورجي**.

سِـكَـكي – سِـكَـكية – سِـكَـكية

المعنى مجازي سلبي: شخص بيعيش معظم أوقاته في السكك والشوارع وكل مبادئه عارفها من الشوارع ومستوى ألفاظه متدني. (سككي = شوارعي = متشرد = شضلي)

street person; vagabond

سِـكّـينة تِـلْـمة – سِـكّـينة تِـلْـمة – سِـكّـينة تِـلْـمة

المعنى مجازي سلبي: شخص ما بياخدش قرار في حياته وبيسيب الأمور تمشي لغاية ما يلاقي نفسه أمام الأمر الواقع. ولما يسيب الأمور عايمة من غير ما ياخد قرار بنقول للشخص ده "اقطع العرق وسيح دمه."

literally dull knife

wishy washy; buries his head in the sand

The proverb “Cut the vein and let the blood flow!” is said to a person who ignores a situation and refuses to deal with it. It is said with the goal of prompting someone to make a decision.

سُـكولانة – سُـكولانة – سُـكولانة

المعنى حرفي سلبي: شخص مسطول وبينسى حاجات مهمة المفروض يعملها، لكن بينسى من غير قصد.

scatterbrained

سَـلِـس

المعنى حرفي إيجابي: شخص سهل التعامل معاه بدون تعقيدات.

down-to-earth; easygoing

سُـلْـطان زمانه – سُـلْـطانة زمانها – مافيش جمع

المعنى مجازي إيجابي: شخص عايش حياته بالطول والعرض، يعني مروق نفسه وعايش حياته بمزاج وبيبعد عن المشاكل والعقد.

one who lives simply

سَـليط اللسان – سَـليطة اللسان – مافيش جمع

المعنى مجازي سلبي: شخص لسانه طويل، يعني كلامه ناشف وحاد وممكن يبدأ هو بجرح الناس بكلامه.

rude; nasty

سِـمَّـاوي

المعنى مجازي سلبي: شخص بيحقد على الآخرين حتى لو معاه كنوز الدنيا. وشخصية قاسم السماوي ابتدعها الكاتب الساخر أحمد رجب في كاريكاتيره في جريدة *أخبار اليوم*.

jealous; covetous

سَـمْـباتيك – سَـمْـباتيك – سَـمْـباتيك

المعنى حرفي إيجابي: وصف شكل البنت الرفيعة زي الصورة النمطية للبنت الموديل. (سمباتيك = عود فرنساوي)

سَـنْـكوح – سَـنْـكُوحة – سَـناكِيح

المعنى حرفي سلبي: راجع المعنى المجازي لكلمة **حافي**.

سُـنّي – مافيش مؤنث – سُـنّيين

literally a Sunni Muslim

very religious; observant

المعنى حرفي: المسلم **المتدين** اللي
ماشي على سنة الرسول محمد (صلعم)،
وبيكون مطول دقنه وبيلبس جلابية ...
إلخ.

سَهْل الانقياد – سَهْلة الانقياد – مافيش جمع

easygoing; easy

المعنى مجازي: شخص سهل ينساق،
يعني يمشي ورا غيره، بدون تفكير
كتير.

سُـهُـن – سُهُـنَّـة – مافيش جمع

tight-lipped; coy

المعنى حرفي سلبي: شخص يعرف
معلومات كتير لكن مش باين عليه،
وبيتقال عليه كده إعتقاداً منا إنه بيخبي
المعلومات اللي عارفها.

سَـوْداوي

gloomy; pessimistic

المعنى مجازي سلبي: شخص بيشوف
الحياة سودا و**متشائم**.

سوسة – سوسة – مافيش جمع

المعنى مجازي سلبي أو إيجابي حسب
السياق: راجع المعنى الحرفي لكلمة
أروبة.

سوقي

المعنى مجازي سلبي: شخص **بيئة**، يعني من بيئة واطية. والمعنى جاي من إنه عاش معظم حياته في السوق واتعلم مبادئه من الشارع، والسوق يعني تعاملاته مع الناس بدون إيتيكيت. — vulgar; unrefined

---

سي السيد – مافيش مؤنث – مافيش جمع

المعنى مجازي سلبي: شخص زي شخصية سي السيد في ثلاثية الأديب نجيب محفوظ ومنها *بين القصرين* اللي صور فيها الراجل سيد وأهل بيته زي العبيد عنده، يعني هو الآمر الناهي. — domineering; dictatorial

---

سِــيس – مافيش مؤنث – سِــيس

المعنى حرفي سلبي: راجل بيتصرف زي البنات و**دلوع** أو ما يقدرش يستحمل ظروف الحياة الصعبة. (سيس = فافي)

شاذ / شاز / – شاذة – شواذ

المعنى الحرفي سلبي: شخص بيخرج عن الإطار الاجتماعي والعرف في تصرفاته وبتكون تصرفاته غريبة ومختلفة بطريقة كبيرة عن الآخرين في مجتمعه. فمثلاً ممكن نقول على واحد شاذ لما يكون متوقع إن البنت هي اللي لازم تطلب إيده. — nonconformist

gay

Note: /mithli/ is derived from the loan translation /mithliyya jinsiyya/ = homosexuality; /mithiliyya/ = homo (same), /jinsiyya/ = sexuality.

المعنى المجازي سلبي: راجل بيحب رجالة وبيحب يعمل علاقة جنسية مع راجل زيه، وفيه بعض الناس ما بيحبوش الكلمة دي وبيقولو ليه ما نستخدمش كلمة ألطف زي "مثلِّي."

شَارِب

drunk; wasted

المعنى مجازي سلبي: شخص شارب خمرة وسكران.

شَاطِـــر

clever; shrewd; astute

المعنى المجازي إيجابي: شخص بيعرف إزاي يعمل صفقات ناجحة وبيعرف من أين تؤكل الكتف، يعني شخص ناجح في حياته ولما بيغير شغله مثلاً بينجح في الشغل الجديد بتاعه بسرعة وبيعرف إيه الأشغال اللي ممكن يشتغلها وتجيب له فلوس حلوة.

شايـــــب

gray-haired

المعنى حرفي: شخص كبير في السن بيكون شعره أبيض.

شايـــــب وعايـــــب – مافيش مؤنث – مافيش جمع

literally old and badly behaving

dirty old man; perv

المعنى مجازي سلبي: شخص كبير في السن وبيعاكس البنات المراهقين اللي قد ولاده.

شَايف نفسه – شَايفة نفسها – شَايفين نفسهم

arrogant; stuck up

المعنى مجازي سلبي: شخص متعالي
على الناس وشايف نفسه أحسن منهم.

شَايل الهم – شَايلة الهم – شَايلين الهم

worrywart

المعنى مجازي: شخص دايماً عنده
مشكلة وحزين من أي مشكلة حواليه أو
من مشاكل الناس اللي حواليه.
(شايل الهم = مهموم)

شِـبْر ونص – شِـبْر ونص – مافيش جمع

المعنى مجازي غالباً إيجابي: شخص
قصير قوي لكن ذكي أو مكار.
(شبر ونص = قصير = قد عقلة الصباع)

شُجاع – شُـجاعة – شُـجعان

brave; courageous

المعنى حرفي إيجابي: شخص ما
بيخافش وعكسه "خواف."

شَـجيع السيما – مافيش مؤنث – مافيش جمع

action hero; Rambo

المعنى مجازي إيجابي: شخصية بطل
الأفلام المصرية الشهم الشجاع اللي
بيضرب العصابة كلها لوحده وينقذ
البطلة. والصفة دي اتقالت من وقت أفلام
فريد شوقي أو اتقال عليه لقب شجيع
السيما لأنه كان أشهر ويمكن يكون أول
شخصية اتعملت بالمواصفات دي.

شَحَّات

المعنى الحرفي: شخص مالوش شغلة غير إنه يخرج في الشارع ويمد إيده للناس عشان يساعدوه بالفلوس. وزمان كان الشحات بيقف على باب الجامع عشان يلحق الناس وهي خارجة بعد الصلاة ولسه متأثرين بحالة روحانية تفكرهم بحالته السيئة ويعطفوا عليه ويدوله فلوس. والشحات غالبا بيبدأ كلامه ويقول "لله يا محسنين" واللي مش عايز يديله من الناس يرد "الله يسهلك" أو "يحنن."

beggar; panhandler

المعنى المجازي السلبي: يعني مثلاً لو واحد قال لحبيبته: "أنا ما باسمعش منك كلام حلو ونادراً ما بتقوليلي باحبك، هو أنا حاشحت الحب منك؟"

شَحْط – شَحْطة – شُحُطة

المعنى حرفي سلبي: شخص طول بعرض وقاعد من غير شغل **(عواطلي)** وما بيعملش حاجة تفيد الناس.

one who is idle, unemployed, yet perfectly capable of working

---

شِديد – شِديدة – شُداد

المعنى مجازي سلبي أو إيجابي على حسب السياق: شخص حازم في الإدارة.

tough; firm; domineering

شَــرارة – شَــرارة – مافيش جمع

jinx

المعنى مجازي سلبي: شخص بنحس إنه
لما بنشوفه أو بنجيب في سيرته حاجة
وحشة بتحصل، أو لما بيتدخل في
موضوع حتى ولو سهل ما بيمشيش زي
ما احنا عايزين. يعني مثلاً لو كنا
رايحين السينما ولما رحنا لقينا حصل
حريقة في السينما فممكن ناس يقولو
"طبعاً مش فلان كان معانا، دا شرارة."

شَــرَّاني

vicious; evil

المعنى حرفي سلبي: شخص بيميل للشر
في تعاملاته وممكن بسهولة يئذي
الناس.

شِــرِّير – شِــرِّيرة – أشْــرار

evil

المعنى حرفي سلبي: شخص مش طيب.

شَــرس

vicious; violent; fierce

المعنى حرفي سلبي: شخص بيميل
للعنف.

شَــرْشوحة – مافيش مذكر – شَــراشيح

shrill

المعنى حرفي سلبي: ست صوتها عالي
وبتشتم كتير وبتردح.

شَــرْقان

المعنى الحرفي: شخص بيكح لما يشرب شوية مية وثقافياً نقول له: "مين بيجيب في سيرتك؟"

Note: When a person coughs while drinking water, it is thought to mean that someone is talking about him or her somewhere.

المعنى المجازي سلبي جنسي بين الطبقة الشعبية في سياق عامية الأميين أو بين الأصحاب: واحد هايج وعايز ينام مع واحدة.

horny; randy

شَــرقي الطباع / شَــرئي / – شَــرقية الطباع – شَــرقيين الطباع

المعنى حرفي: شخصية الرجل الشرقي اللي الكلمة الأخيرة كلمته ومحافظ وما يحبش الست المتحررة أو الغربية يعني ماشي على التقاليد المصرية زي الكتاب ما بيقول.

traditional; old school

شَــرِيف

المعنى حرفي إيجابي: شخص أمين في تعاملاته المادية.

honest; trustworthy; reputable

شُــضَــلي – شُــضَــليَّة – شُــضَــليَّة

المعنى حرفي سلبي: راجع المعنى المجازي لكلمة **سككي**.

شَـــطُـــور

المعنى الحرفي إيجابي: بمعنى **شاطر**
لكن لما بتتقال للأطفال.

approx. "good job" (when said
facetiously)

المعنى مجازي سلبي: شخص عمل
حاجة وعايزين – لسبب ما – نتريق
عليه وكأننا بنعامله زي الأطفال.

شَـــعْـــنونة – مافيش مذكر – شَـــعانين

approx. liberated woman;
westernized; spunky

المعنى الحرفي الإيجابي: البنت اللي
بتعمل حاجات مختلفة ومجنونة وجريئة
وما بتهتمش كتير بالعادات والتقاليد البالية
بس بطريقة مؤدبة، زي مثلاً البنت اللي
بتحب الرقص وبتتكت باستمرار ولبسها
على الموضة وبتغير تسريحة شعرها
باستمرار وتلقائية في كلامها.

angry; quarrelsome

المعنى الحرفي السلبي: البنت المتمردة
على كل شيء بدون منطق لتمردها،
وغالبا بتتناقر مع اللي ترتبط بيه
على طول يعني بيكونو عاملين زي
"ناقر ونقير."

شقي / شئي / – شقية – أشقيا

hyper; brat

المعنى الحرفي غالباً سلبي: الأطفال
اللي بطبعهم كثيري الحركة.

Casanova; good lover

المعنى المجازي غالباً إيجابي:
شخص بيعرف يعاكس الستات
ويعرف إزاي يداعبهم.

شَــكَّـــاك

doubter; doubting Thomas

المعنى حرفي سلبي: شخص بيشك
في كل حاجة حواليه.

شكَّاي

complainer; whiner

المعنى حرفي سلبي: شخص كثير الشكوى.

شَــلَــقْ / شَلأ / – مافيش مذكر – شَــلَــقْ

quarrelsome; combative

المعنى حرفي سلبي: الست اللي بتردح،
يعني ما تعرفش في الإيتيكيت، وبتتخانق
مع طوب الأرض، يعني مع كل اللي
يقابلها، وبتتخانق بطريقة الغجر.

شَــمَّـــام

user; junkie

المعنى الحرفي سلبي: شخص بيشم
هيروين أو خلافه.

bum

المعنى المجازي سلبي: شخص مبهدل
في لبسه وحركاته، وتصرفاته غير
مناسبة زي الشخص اللي بيشم.

شَــنْــكوتي – مافيش مؤنث – مافيش جمع

المعنى حرفي سلبي: شخص بيحاول
يلاغي (يعني يعاكس) بنت بتاعة واحد
صاحبه، وأحسن وصف للكلمة أغنية
"شنكوتي" لعصام كاريكا. والمعنى جديد
على اللغة ظهر بين الشباب تقريباً
سنة ٢٠٠٣.

شَــنيع – شَــنيعة – شُــناع

المعنى مجازي سلبي: شخص تصرفاته غالباً غير متوقعة وردود فعله غير مناسبة أو فيها نوع من العنف. فمثلاً لو كان فيه شلة شباب خارجين مع بعض ورايحين السينما وواحد طلب يشوف التذاكر من اللي قطع التذاكر وقال له لأ، فاللي طلب يشوف التذاكر شد التذاكر منه مرة واحدة وبنوع من العنف، فنقول عليه "دا شنيع."

peevish; volatile

شَــهْــم – شهْــمة – مافيش جمع

المعنى حرفي إيجابي: شخص **جدع**، يعني لما يشوف حد محتاج مساعدة يقدم المساعدة من غير ما حد يطلب منه. يعني مثلاً لو شاف واحدة بيعتدي عليها حد يتدخل عشان يحميها ويخلصها من اللي بيحاولو يعتدو عليها أو يضايقوها. وكمان لو حد طلب منه ما يتأخرش ويقف جنبه بدون مقابل. ومثال لذلك أحمد السقا في فيلم *شورت وفانلة وكاب* لما وقف جنب نور البطلة.

chivalrous; gallant

شَــوَارْعي – شَــوَارْعيَّة – شَــوَارْعيَّة

المعنى مجازي سلبي: راجع المعنى المجازي لكلمة **سككي**.

شِــوال – مافيش مؤنث – شِـولَــة

المعنى مجازي سلبي: شخص غالباً تخين ومالوش رأي في اللي بيحصل حواليه. وممكن نقول عليه **كيس جوافة،** يعني مالوش رأي برضه.

approx. a pushover; has no will/no thoughts of his own

شيخ مَــنْــصَــر – شيخة مَــنْــصَــر – شيوخ مَــنْــصَــر

المعنى مجازي سلبي: شخص نصّاب.

شِيطان – شِيطانة – شَــيَّاطين

المعنى مجازي سلبي: شخص بيعرف يقنع الناس بإن الشيء الغلط صح، يعني بيحلل الحرام. فمثلاً لو واحد ما بياخدش رشوة وشايف إنها حرام أو شيء غلط نلاقي الشخص الشيطان يقول له:

"ما اسمهاش رشوة، تقدر تقول عليها إعانة مادية عشان مرتبك ما بيكفيكش والشركة مش عايزة تزود مرتبك وظلمتك، وكمان إنت عندك ولاد ولازم تدفع مصاريف المدارس ليهم."

أو لو مثلاً واحد شيطان لقى واحد تاني عنده مشكلة في البحث بتاعه فيقول له:

"فيه أبحاث اتعملت قبل كده، ليه ما تاخدش فقرات من اللي اتكتب قبل كده وماحدش حيعرف إنك نقلت من بحث حد تاني؟ ودا أحسن ما تتأخر في البحث بتاعك."

one who justifies, whitewashes, rationalizes wrongdoing

شَيِّش – شَيِّشَة – مافيش جمع

sheesha connoisseur, afficionado

المعنى حرفي إيجابي: شخص بيشرب شيشة صح، وممكن نقول "شييش درجة أولى" زي لو بيشرب خمرة صح ممكن نقول عليه **خمورجي درجة أولى**.

صَاحِب عيا – صَاحْبِة عيا – أصحاب عيا

sickly; illness-prone

المعنى مجازي لوصف حالة: شخص عنده أمراض كتير.

صادِق

honest; truthful

المعنى حرفي إيجابي: شخص ما بيكدبش.

صَايِــــع

bum; aggressive; panhandler

المعنى الحرفي سلبي: شخص **شوارعي** مالوش شغلانة غير إنه يقف في الشارع ويعاكس في خلق الله، وممكن يكون **بلطجي** عشان ياخد فلوس يعيش بيها.

idle; bum

المعنى المجازي سلبي: شخص مالوش شغل ومش عايز يشتغل.

صَـــبور

patient; steadfast

المعنى حرفي إيجابي: شخص عنده "صبر أيوب" (والمعرف إن النبي أيوب كان مشهور بالصبر). يعني مثلاً نقول

على واحد صبور لو فقد شغله وجاله
مرض معين وقعد فترة على كده وكان
بيشكر ربنا وعنده ابتسامه هادية ورضا
بقضاء الله.

صَــريح

المعنى حرفي إيجابي: شخص مش **غامض**.

straightforward; down-to-earth

صَــعْب

المعنى مجازي سلبي: شخص صعب التعامل معاه.

difficult

صَــعْـلوك – صعلوكة – صعاليك

المعنى حرفي سلبي: شخص مالوش شغلانة و**صايع**.

idle; bum

ضارِب

المعنى مجازي غالباً سلبي: شخص بيعمل حاجات غريبة عن الآخرين. (ضارب = لاسع)

ضاربُه السِّــلْــك – ضارِبْها السِّــلْــك – ضارِبْهُم السِّــلْــك

المعنى مجازي سلبي: بتستخدم بين الأصحاب أو في سياق عامية المتنورين أو الأقل لست (أو راجل) **قبيحة** ودميمة وغير مهتمة بنفسها. وأفضل مثال الست

hideous

اللي اضطر عادل إمام إنه يتجوزها في فيلم *هالو أمريكا*.

ضَحوك

المعنى حرفي إيجابي: شخص بيضحك كتير.

ضَــيِّــق الأفق – تفكيرها على قدها – تفكيرهم على قدهم

not resourceful; unimaginative; not able to think outside the box

المعنى مجازي سلبي: شخص تفكيره ضيق، يعني تفكيره لا يتسع أكتر من المعنى السطحي. فلو مدير طلب من سكرتيرته مثلاً إنها تدور على مقال عن العولمة واقترح عليها إنها تدور في جريدة معينة ولما السكرتيرة ما لقتش المقال في الجريدة دي قالت للمدير إن مافيش مقالات عن العولمة، مع إن فيه مقالات في مواقع مختلفة تانية ومع إنها مش كسلانة وبتحب الشغل. وفيه ناس بتقول "أفقه ضيق."

طايـِـــش

rash; impulsive; impetuous

المعنى حرفي غالباً سلبي: شخص بيعمل حاجة أو بياخد قرار نتيجة رد فعل عكسي بدون تفكير. زي مثلاً اللي يرمي على مراته يمين الطلاق، يعني يطلقها لحظة انفعال، أو اللي يعمل حاجة مجنونة في لحظة إحساس انفعالي.

طَربوش – مافيش مؤنث – طرابيش

المعنى مجازي سلبي: شخص لا بيهِـــش ولا بينِـــش، يعني **مالوش شخصية** ومالوش رأي. وممكن نقول **لا بيودي ولا بيجيب.**

useless; spineless

طُـــرْشَـــجي – مافيش مؤنث – مافيش جمع

المعنى مجازي سلبي: بتستخدم بين الأصحاب أو في عامية الأميين لشخص بيكسب بالحظ وبتيجي معاه بالحظ. وبنقول "بتيجي مع العمي طابات" وبنقول برضه "الحظ لما يهاتي (يهادي) يخلي الأعمى ساعاتي" يعني الحظ لما يدي واحد أعمي يخليه بيصلح ساعات وده يستلزم نظر حاد. (طرشجي = كفتجي)

طَـــرْطور– طرطورة – طراطير

المعنى مجازي سلبي: راجع المعنى المجازي لكلمة **طربوش.**

طِـــفِس

المعنى حرفي سلبي: شخص بياكل من غير ما يكون جعان بس عشان فيه أكل قدامه.

approx. glutton

طَـمَّـاع

المعنى حرفي سلبي: راجع المعنى
الحرفي لكلمة **جشع.**

طَـمُوح

ambitious

المعنى حرفي إيجابي: شخص عايز
يحقق حاجات كتير لمستقبله.

ظَـريف – ظَـريفة – ظُـراف

pleasant; nice; friendly

المعنى حرفي إيجابي: شخص لطيف
ودمه **خفيف.**

عَامِل زي اللقمة / اللؤمة / في الزور – عَامْـلة زي اللقمة في الزور – عَامْـلين زي اللقمة في الزور

obstructionist

المعنى مجازي سلبي: شخص بيقف قدام
مصالح الناس، يعني بيعرقل الأمور.

عَامِل فيها فِـلَّـة – عَامْـلة فيها فِـلَّـة – عَامْـلين فيها فِـلَّـة

blowhard; pompous; full of himself

المعنى مجازي سلبي: بتستخدم بين
الأصحاب أو في سياق عامية المتنورين
أو الأقل لشخص **تافه** لكن عايز يثبت
إنه مهم بأي طريقة.

عَايِـش في الدور – عَايْـشة في الدور – عَايْـشين في الدور

المعنى مجازي سلبي: شخص عايش في
دور أعلى من دوره في الحياة،
يعني مثلاً لو فيه فني معمل أو ممرض
وبيتعامل مع الناس كأنه دكتور.

عَايق / عايء /

المعنى حرفي إيجابي: شخص بيعرف يلبس وبيهتم بمظهره.

stylish; well-dressed; fashionable

المعنى حرفي سلبي: لو كان بيهتم بمظهره زيادة عن اللزوم وفي الحالة دي بنقول "عايق ومتضايق."

fop

عَـبَّـاسِـيَّـة - عَـبَّـاسِـيَّـة - عَـبَّـاسِـيَّـة

المعنى مجازي سلبي: شخص **مجنون.** والعباسية هو اسم لحي في مدينة القاهرة، وسبب علاقة عباسية بالجنون هو مكان مستشفى الأمراض العقلية في حي العباسية.

عبد الروتين – مافيش مؤنث – مافيش جمع

المعنى مجازي سلبي: هو شخصية كاريكاتيرية لموظف بيروقراطي وبيتمسك بالروتين، عبر عنها الكاتب أحمد رجب والرسام مصطفي حسين في جريدة *الأخبار* في آخر صفحة في أكتر من كاريكاتير.

approx. bureaucratic

عَـبْـقَـري - عَـبْـقَـرية - عَبَـاقْـرة

المعنى حرفي إيجابي: شخص اخترع أو عمل حاجة ماحدش غيره اخترعها زي آينشتاين أو بيل جيتس.

genius; brilliant

عَـبيط – عَـبيطة – عُـبْـط

المعنى حرفي سلبي: راجع المعنى الحرفي والمجازي لكلمة **أهبل**.

idiot; moron

عِـجْـل – عِـجْـلة – عُجول

المعنى مجازي سلبي: راجع المعنى المجازي لمصطلح **تخين فشلة**.

عَـجوز – عَـجوزة – عَـواجيز

المعنى حرفي: شخص كبير في السن.

عَـديم الإحساس – عديمة الإحساس – ما بيحسوش

المعنى مجازي سلبي: راجع المعنى الحرفي لكلمة **جبلة**.

عديم الأخلاق – عديمة الأخلاق – ماعندهمش أخلاق

المعنى حرفي سلبي: شخص ممكن يعمل أي حاجة عشان مصلحته.

unscrupulous; has no conscience

عَـرْبَـجي – عَـرْبَـجيَّة – عَـرْبَـجيَّة

المعنى الحرفي: وصف مهنة الراجل اللي بيسوق عربية الزبالة أو عربية بحمار.

buggy driver

المعنى المجازي سلبي: شخص ما بيعرفش يتعامل بأدنى مبادئ الإيتيكيت.

lout; boor

عِـــرْبِيد – عِـــرْبِيدة – مافيش جمع

المعنى حرفي سلبي: راجع المعنى
المجازي لمصطلح **بتاع كاس**.

عِـــرَّة – عِـــرَّة – عِـــرَّة

an embarrassment; someone
you don't want to be seen with;
a disgrace

المعنى مجازي سلبي: شخص بنحس إنه
ما يشرفناش إنه يكون معانا أو ما
يشرفناش قرابته لينا، عشان مركزه
الاجتماعي أو عشان بيحطنا في مواقف
محرجة. يعني مثلاً فيه عيلة شايفة إن
واحد فيها عرة عشان هو الوحيد اللي
مش متعلم، فتلاقي العيلة ما بتحبش
تذكر اسمه عشان ماحدش يعرف إنه من
عيلة كلها حسب ونسب (يعني من
أصل)، وكمان لو فيه واحد في عيلة
بيشتغل سواق تاكسي لكن باقي العيلة،
مع إنهم مش أغنيا، يا إما مهندسين أو
دكاترة أو محامين إلخ، يعني كلهم
متخرجين من جامعة. وممكن نلاقي شلة
ما بتحبش تخرج مع واحد منهم عشان
بيسبب لهم مواقف محرجة ومخجلة.

عِرَّة الرِجَّـــالة – مافيش مؤنث – مافيش جمع

disgrace to humanity

المعنى مجازي سلبي: أسوأ راجل **عرة**
ممكن نتخيله.

عَـزول – عَـزول – عَـوازل

third wheel; cockblocker

المعنى مجازي سلبي: شخص بين
حبيبين، يعني لو فيه اتنين بيحبوا بعض
وقاعدين مع بعضهم في لحظة رومانسية
وفيه واحد جه قعد معاهم فهو يبقى
عزول. ولو هو عارف إنهم بيحبوا
بعض و**حسيس** يقول "حسيبكم لوحدكم،
مش عايز أبقى عزول."

عَـسُّـول

honey; honey-pie

المعنى المجازي الإيجابي الأول: طفل
زي العسل، والكلمة فيها دلع.

cute; adorable

المعنى المجازي الإيجابي التاني: دلع
لشخص **دمه خفيف** زي العسل وضحكه
وهزاره فيه براءة الأطفال.

عسكري كَحول – مافيش مؤنث – عساكر كواحيل

approx. raw recruit

المعنى مجازي سلبي: عسكري الجيش
اللي أول ما بيدخل ما بيعرفش قوانين
الجيش وبيقع في مشاكل كتيرة بسبب
كده. راجع المعنى المجازي لكلمة **كحول.**

عِـشَـري

friendly; sociable

المعنى حرفي إيجابي: شخص بيحب
الناس وبيكون لطيف وودود معهم،
والمصريين بيقولوا عن نفسهم إنهم
عشريين. وفيه أغنية لنادية مصطفى

بتقول فيها "زي طبيعة المصريين،
عشريين."

عِـصامي

المعنى حرفي إيجابي: شخص ابتدى من الصفر وكون نفسه بطريقة شريفة وبقى من الأغنيا أو من رجال الأعمال.

self-made man; one who pulled himself up by his bootstraps

عَضْمة زرقة – عَضْمة زرقة – عَضْمة زرقة

المعنى مجازي سلبي: بتستخدم بين الأصحاب المسلمين للإشارة لشخص مسيحي. وخلفية "عضمة زرقا" عشان كان زمان المسيحيين والحواريين اتعذبوا كتير وكان جسمهم مزرق وكان بيبان عضمهم من التعذيب أزرق. وغير معروف ليه ثقافياً بيكون للصفة دي دلالة سلبية تدل على الخبث.

literally blue bone

Christian

عَـفْـريت – عَـفْـريتة – عَـفَـاريت

المعنى الحرفي: شكل خيالي زي مثلاً لما واحد يكون لوحده في البيت ويتهيأ له إنه شاف خيال ماشي أو فيه حد معاه. وكمان لما يكون فيه بيت مهجور من سنين والناس تتناقل بينها وبين بعضها إن فيه عفاريت في البيت، ويقولوا "ده بيت مسكون" يعني مسكون بالعفاريت.

ghost; apparition

المعنى المجازي: راجع المعنى المجازي لكلمة **شقي**.

عَقْـلُه / عأله / مِفَوِّت – عقلها مِفَوِّت – عقلهم مِفَوِّت

المعنى مجازي سلبي: شخص قراراته غلط وحكمه على الأمور مش سليم.
يعني مثلاً لو واحد على قد حاله وجاله فلوس أو كسب فلوس فبدل ما يشتري حاجة لبيته أو لولاده، يصرف الفلوس على القمار.

nitwit; numskull

عَقْـلُه مِهَوِّي – عقلها مِهَوِّي – عقلهم مِهَوِّي

المعنى مجازي سلبي: راجع المعنى المجازي لمصطلح **عقله مفوّت.**

عكْروت – عكروتة – مافيش جمع

المعنى حرفي: بتستخدم لوصف طفل لذيذ.

said of children cute; adorable

على الحَـديدة – على الحَـديدة – على الحَـديدة

المعنى مجازي سلبي: شخص مامعاهوش فلوس خالص.
(على الحديدة = مفلس)

broke; penniless

على خُـلُـق – على خُـلُـق – على خُـلُـق

المعنى مجازي إيجابي: شخص مؤدب.
وغالباً بنقول على خلق لما نقصد إن الشخص **متدين.**

approx. a good person, virtuous

على راسُه بَطْحَة – على راسْها بَطْحَة – على راسْهم بَطْحَة

المعنى الحرفي: شخص متعور في دماغه. لكن ما بتستخدمش الصفة دي بالمعنى الحرفي وبنستخدم بدالها "راسه مبطوحة"، ولكن حبينا نحط المعنى الحرفي هنا عشان دا حيوضح المعنى المجازي.

literally has a head wound

المعنى المجازي سلبي: لما نتكلم عن موقف سلبي عام وواحد يعترض على إن الكلام عليه مع إننا ما جبناش سيرته. يعني مثلاً لما نتكلم عن سرقات بتحصل في الشركة وفيه ناس بتاخد حاجات من ممتلكات الشركة ولازم نعرض أشكال الفساد على مجلس الإدارة، فيقوم واحد يقول "لأ ده مش صحيح ومش لازم نعمل كده" فالبعض يقول وإنت زعلان ليه ويتهامسوا مع بعضهم ويقولوا "اللي على راسه بطحة يحسس عليها" (مثل مشهور). ومثال تاني هو لما هالة سرحان استضافت عادل إمام في التليفزيون وسألته عن العقبات اللي بتقابله مع الرقابة وإزاي اتحلت، فقال عادل إمام إنه في فيلم *بخيت وعديلة* ٢ اعترضت الرقابة عشان الفيلم بيتعرض لفساد الإنتخابات في مصر، وأعضاء مجلس الشعب اعترضوا على الفيلم ووصل الموضوع للرئيس مبارك فوافق على فكرة الفيلم وقال "اللي يزعل من

has a guilty conscience; the thing hits too close to home

الأعضاء يزعل واللي على راسه بطحة يحسس عليها" يعني أعضاء مجلس الشعب زعلانين ليه من عرض صور الفساد إلا إذا كانوا حاسين إنه حقيقي وهم طرف في الموضوع.

على راسه رِيشة – على راسها رِيشة – على راسهم رِيشة

المعنى مجازي سلبي: شخص حاسس إنه مميز عن الآخرين، يعني مثلاً لما نقول إن الزيادة في المرتبات على كل الناس بنسبة ٥% فواحد يعترض إن لازم تكون زيادته الضعف، فيقول الناس: "ليه؟ هو على راسه ريشه؟"

special (when said sarcastically); "Who does he think he is? What makes him so special?"

على قد / أد / حاله – على قد حالها – على قد حالهم

المعنى مجازي: شخص مش **فقير دقة** (يعني مش فقير جداً) ومش من متوسطي الدخل، يعني دخله أقل من المتوسط.

just getting by; scraping by

على نِيَّاتُه – على نِيَّاتْها – على نِيَّاتْهُم

المعنى مجازي إيجابي غالباً: شخص **ساذج**، بمعنى طيب، وبيتصرف مع الناس بطبيعته الفطرية الطيبة بدون تفكير كتير.

innocent; unassuming

عنده شَعْرة – عندها شَعْرة – مافيش جمع

المعنى مجازي سلبي: شخص **مزاجي** كل ساعة بحالة غير متوقعة ويميل إلى

moody; unstable

الجنون – ويمكن تكون العبارة دي ابتدت من فيلم *اسماعيل يس في مستشفى المجانين* اللي كان فيها شخصية بتقول "عندي شعرة ساعة تروح وساعة تيجي."

عَـنيد

المعنى حرفي سلبي غالباً: شخص بيعمل العكس لما حد يتحداه، فلو واحدة قالت لجوزها وهم راكبين العربية إن فيه طريق تاني أروق من الطريق اللي هو ماشي فيه، لكن قالت ده بأسلوب مستفز وبتحدي، فممكن يرفض مع إنه عارف إن الطريق اللي هي قالت عليه أروق والشوارع أفضى من الطريق اللي هو سايق فيه.

stubborn; difficult

عَـنيف

المعنى حرفي سلبي: شخص بيميل للعنف في تصرفاته.

violent

عَـواطَـفجي – مافيش مؤنث – مافيش جمع

المعنى مجازي سلبي: بتستخدم بين الأصحاب أو في عامية الأميين للسخرية من شخص غير عاطفي بالمرة وبيحاول يعمل حاجة تدل على إنه عاطفي لكن بشكل مثير للسخرية.

a phony

عَــواطْـلي – عَــواطلية – عَــواطلية

المعنى حرفي سلبي: شخص ما بيشتغلش لفترات طويلة، يعني ممكن يشتغل شهر ويسيب شغله ويقعد من غير شغل سنة وبعدين يشتغل أسبوع ويقعد من غير شغل شهرين أو تلاته وهكذا. يعني مش ميال للشغل الجد وبيفضل عدم الشغل ومتعود على كده.

shiftless; lazy; bum; good-for-nothing

عِــوِج

المعنى مجازي سلبي: شخص مش ميال للمشي **دوغري** في حياته وبيعمل حاجات مشينة. فمثلاً بدل ما واحد يدور على شغل أو يجتهد في اكتساب مهارات تانية للشغل زي تعلم اللغات أو الكمبيوتر، نلاقيه ينصب على الناس ويعمل حاجات ضد القانون.

bad seed; always trying to beat the system

عود فرنساوي – مافيش مذكر – مافيش جمع

المعنى مجازي إيجابي: راجع المعنى الحرفي لكلمة **سمباتيك**.

literally a French reed; petite; slight

عِــيَارُه فالِت – عِــيارْها فالِت – عِــيَارْهم فالِت

المعنى الحرفي: كلمة عيار معناها الرصاصة اللي بتطلع من المسدس وفالت يعني ما راحش في الاتجاه المفروض له.

المعنى المجازي سلبي: شخص بيعمل حاجات مشينة وغلط وصعب التحكم فيه أو السيطرة عليه.

loose cannon

عِينُه زايغة – عِينْها زايغة – عينهم زايغة

المعنى مجازي سلبي: الراجل المتجوز اللي مش مكفياه مراته وبيبصبص وبيعاكس ستات تانيين وتكون تصرفاته زي العازب.

has a roving eye; flirt

عَـيِّـل – عَـيِّـلة – عِـيَال

المعنى الحرفي: الطفل اللي ما ناخدش على تصرفاته، يعني مثلاً طفل ضرب طفل تاني في الحضانة فنقول "معلش، عيل وغلط."

The expression /'ayyil wa ghiliT/ is approximately equivalent to "boys will be boys."

المعنى المجازي سلبي: شخص بيتصرف تصرفات غير مسئولة، يعني شخص لا يعتمد عليه.

irresponsible; undependable

عَـيِّـل بِـرْيالة – مافيش مؤنث – مافيش جمع

المعنى مجازي سلبي: شخص **مالوش شخصية** مع البنات وبينساق ورا الغريزة وأي واحدة ممكن تجيبه وتوديه لو كانت حلوة. وهو بيعمل زي العيل ومجازاً ينزل اللعاب من بقه، يعني بيقف التفكير عنده عند مرحلة جمال البنت أو الست.

a chump; bad with women

غامِض

المعنى مجازي سلبي غالباً: شخص غير واضح، فمثلاً لما واحدة تسأل صاحبتها عن حبيبها وحيتجوزو إمتى فتقول لها "كل تصرفاته بتقول إنه بيحبني لكن ما فتحش موضوع الجواز وما بأقدرش أعرف اللي جواه وما بيظهِرش مشاعره."

mysterious; reticent; playing it close to the chest

غِـتِـت

المعنى حرفي سلبي: شخص غلس وبيحب يعمل حاجات تضايق الناس اللي حواليه وينبسط هو بكده.

obnoxious; bratty; mischievous

غَـتيت

المعنى حرفي سلبي: راجع المعنى الحرفي لكلمة **غتت**.

غَـجَـري – غَجَـرية – غَجَـر

المعنى الحرفي: واحد من أهل الغجر.

gypsy

المعنى المجازي سلبي: شخص عايش في المدينة بس بيتصرف بنوع من الهمجية وصوته عالي وبيزعق ولسانه فالت. وغالباً بتتقال الصفة دي على الستات لما تكون الست صوتها عالي وبتردح على الفاضي والمليان.

unrefined; boorish; classless; rough around the edges

غَريب الأطْــوار – غريبة الأطوار – مافيش جمع

المعنى مجازي: شخص ماحدش يعرف معلومات كتيرة عنه و**غامض** وله تصرفات تثير الدهشة.

weird; strange

غَــشيم – غَــشيمة – غُــشْــم

المعنى حرفي سلبي: شخص بيتصرف في الأمور الحياتية بدون حكمة، يعني بغباء أو بدون ما يفكر كويس. زي مثلاً اللي ماشي في حتة زحمة وبيخبط في الناس من غير ما يحاسب، أو مثلاً شخص جاي من بره وجزمته مطينة ودخل بيت حد من غير ما يمسح رجله قبل ما يخش ودخل البيت وبوظ الموكيت أو الأرضية، أو شخص بيهزر مع واحد وضربه في مكان حساس في جسمه والتاني اتألم من الضربة دي، فنقول للشخص ده "إنت غشيم؟". ومثال تاني، لو واحد قابل واحدة في مكان وسألها "إنتي ليه ما خلفتيش لغاية دلوقت مع إنك متجوزة من خمس سنين؟" فنقول للشخص اللي قال كده "حد يقول لواحدة كده؟ إنت غشيم؟" يعني هو أكيد غشيم. ومثال تاني ممكن نقول على واحد غشيم لو ما بيعرفش يعمل حاجة المفترض إن اللي في سنه أو مستواه الاجتماعي إنه بيعرف يعملها، يعني مثلاً لو واحد بيرقص مع واحدة وكذا

thoughtless;
inconsiderate; gauche

مرة داس على رجليها. وبنقول "غشيم
ومتعافي" لما الغشيم يكون بيعتمد بس
على قوته في عمل حاجة، يعني مثلاً لو
واحد حب يفك مسمار صغير في موبايل
أو جهاز كمبيوتر وحط المفك ولف
المسمار بقوة فكسر المسمار وحتة من
الجهاز اللي بيفك المسمار بتاعه.

غَـلْـبان – غَـلْـبانة – غَـلابَة

wretched; poor and helpless

المعنى حرفي: شخص فقير ومسكين
وبنقول عليه **لا حَـول له ولا قوة.**
وبنقول كمان "مالوش ضهر،" يعني
مالوش حد يسنده في الحياة لما يقع في
مشكلة، وفيه مثل بيقول "اللي له ضهر
ما ينضربش على بطنه."

غِـلِـس

obnoxious; bratty; mischievous

المعنى حرفي سلبي: شخص **سخيف**
بيعمل حاجات بتضايق الآخرين وهو
متعمد عشان يضحك عليهم أو عشان
ينبسط.

غَـيّـاظ

one who likes to take digs at people

المعنى حرفي سلبي: شخص بيجد متعة
في إنه يغيظ اللي حواليه، يعني يقول لهم
خبر أو حاجة تضايقهم. يعني مثلاً واحد
ما بيحبش حد يناديه باسم معين ونلاقي
الشخص الغياظ يناديه بالاسم ده.

مثال تاني لما واحد يكون بيحب واحدة وهي بتتقل عليه ونلاقي الغياظ يقول له "ده أنا شفتها بتكلم واحد تاني" أو إنه عرف إنها ما بتحبوش وممكن يقول له ده بالتلميح (يعني بطريقة غير مباشرة).
يعني نقدر نقول إن الغياظ بيغلس على الشخص اللي بيغيظه.

غَيُّور

المعنى حرفي سلبي أو إيجابي على حسب السياق: شخص بيغير على اللي بيحبه.

jealous

فاجِر – فاجْرة – فَجَرة

المعنى حرفي سلبي أو إيجابي على حسب السياق: شخص بيعمل حاجات جرئية جداً وخصوصاً لو جنسية.

ballsy; gutsy; bold

فاشِل

المعنى حرفي سلبي: شخص أثبت إنه مش ناجح في حياته.

loser

فافي – فافي – فافي

المعنى حرفي سلبي: راجع المعنى الحرفي لكلمة **سيس**. ومثال للشخص الفافي لو واحد دخل الجيش ومش قادر ينام على سرير مش مريح زي ما هو متعود نقول له: "استحمل هو إنت فافي؟"

sissy; pansy; pantywaist

فايِـــر

المعنى مجازي إيجابي: غالباً بتتقال على البنت الصغيرة اللي جسمها بان عليه علامات البلوغ قبل أوانه. وبتستخدم أكتر للبنات وبنقول "عودها / جسمها فاير."

early bloomer; precocious

فَـتَّـــان

المعنى حرفي سلبي: شخص أو طفل بيقول حاجة حصلت لشخص تاني من غير ما حد يطلب منه عشان يسبب له مشكلة. فمثلاً لو واحد راح شغله متأخر فلما زميله يكون عايز يسبب له مشكلة، يروح للمدير ويقول له عن زميله اللي اتأخر من غير ما يسأله المدير. وكمان للشخص اللي بيتعمد يقول أسرار الناس عشان يسبب لهم مشاكل فبيفتن السر، يعني بيفضح أسرار الناس، وهو قاصد، إنما لو كان الشخص بيقول أسرار الناس من غير ما يقصد عشان دي طبيعته فبنقول إن مابيتبلش في بقه فولة.

telltale

فِـتِـك

المعنى مجازي إيجابي: شخص **فهلوي**، يعني بيعرف يتصرف في أمور كتيرة بأقل الإمكانيات، بس غالباً بتستعمل في سياق الولد اللي بيوقع البنات في حبه بسهولة.

lady-killer; charmer; smooth

فِـتِــوّة – فِـتِــوّة – فِـتِــوّات

المعنى الحرفي: مهنة قديمة لشخص بياخد فلوس للدفاع عن منطقة معينة.

المعنى المجازي سلبي: شخص مفتول العضلات أو بيتباهى بعضلاته وجسمه في الخناقات وسهل يخش في خناقة. — brute; bully

---

فَرْحان بنفسه – فَرْحانة بنفسها – فَرْحانين بنفسهم

المعنى مجازي سلبي: شخص متميز في حاجة ودايماً بيحسس الناس بكده. — full of himself; has a big head

---

فَرَس / فَرَسَة – مافيش مذكر – مافيش جمع

المعنى مجازي إيجابي: الكلمتين بيتقالوا على الست اللي جسمها مثير جنسيا. — hot; sexy

---

فِــرْوِد – مافيش مؤنث – فَراوْدة

المعنى الحرفي إيجابي: لعيب الكورة اللي في مركز المهاجم وبيجيب أجوال. — star forward

المعنى المجازي إيجابي: شخص بيعرف يوقع البنات في حبه ويعرف يعاكسهم. — seducer; Casanova; pick-up artist

---

فريد من نوعه – فريدة من نوعها – مافيش جمع

المعنى مجازي إيجابي: شخص مختلف عن معظم الناس. — one of a kind

فَـشّـَـار

bullshitter

المعنى حرفي سلبي: راجع المعنى المجازي السلبي لمصطلح **أبو لمعة.**

فَـظـيـع – فظيعة – فُـظاع

amazing; stupendous (positive)

horrible; terrible (negative)

المعنى حرفي سلبي أو إيجابي على حسب السياق: شخص يا إما بيعمل حاجات حلوة قوي أو وحشة أوي.

فَـعّـَـال

active; energetic

المعنى مجازي إيجابي: شخص بيشارك في أنشطة مختلفة في حياته عامة بصورة فعالة.

فقير دُقّـة / فنير دؤة / – فقيرة دُقّـة – فُـقَـرة دُقّـة

broke; down-and-out; dirt poor; impoverished

المعنى مجازي: شخص فقير جداً. راجع المعنى المجازي لمصطلح **على الحديدة.**

فَـقيه – فقيهة – فقها

literally religious scholar

المعنى الحرفي: شخص خريج الأزهر الشريف وبيفهم في أمور الدين المختلفة وممكن الناس تستشيره.

المعنى المجازي: لو الشخص مش خريج الأزهر لكن بيعرف في أمور الدين.

فَــلاّح

المعنى الحرفي: القروي اللي بيشتغل في الحقل أو الغيط. — peasant

المعنى المجازي سلبي: شخص ما بيعرفش يتعامل في المدنية الحديثة، يعني مثلاً ما بيعرفش يعامل الستات أو ما بيعرفش يلبس بطريقة مدنية حديثة لائقة، يعني لبسه مش لايق على بعضه ومتناقض زي اللي يلبس بنطلون أحمر على قميص أخضر وجاكت بني وكرافته مشجرة. — bumpkin

---

فَلاتي – مافيش مؤنث – فلاتية

المعنى مجازي سلبي غالباً: شخص عرف ولسه بيعرف بنات كتير وعمل علاقات جنسية معاهم. — philanderer; player

---

فَــهْــلَــوِي – فهلويّة – فهلويّة

المعنى حرفي سلبي أو إيجابي على حسب السياق: شخص بيدعي إنه يعرف كل حاجة في الحياة ومافيش شغلانه تقف في طريقه وغالباً بيفشل. — full of hot air; big talker

---

فَــيِّــيس – مافيش مؤنث – مافيش جمع

المعنى حرفي إيجابي: شخص ما بيبخلش على الآخرين وبيصرف ويكرم الآخرين. — giving; generous; bighearted; benevolent

قَادِر / ءادر /

he'll do it

المعنى مجازي إيجابي أو سلبي على حسب السياق: شخص ماعندناش شك إنه ممكن يعمل حاجة برغم كل الصعوبات أو التحديات. يعني لو فيه اتنين بيحبو بعض جداً لكن لسبب ما ما ينفعش يتجوزو بعض، فلو حد شك إن البنت مثلاً مش ممكن تسيب حبيبها، فممكن نقول إنها "قادرة وتعملها" يعني مع إنها بتحبه جداً وحتتعب لو سابته لكن عندها قوة أكبر إنها تسيبه. وكمان لو فيه واحد عنده برنامج على الهوا وقال لأصحابه إنه حينتقد الحكومة أو الرئيس، فلو حد شك في وقت البرنامج إنه حيعمل كده، فممكن واحد تاني يقول "أكيد حينتقد الحكومة، قادر ويعملها."

قاري / ءاري / فَتْحِته – مقري / مئري / فتحتها – مقري / مئري / فتحتهم

المعنى مجازي: شخص ابتدى علاقة ارتباط رسمية قبل الخطوبة عند بعض العائلات المسلمة، وبعض الطبقات الشعبية بيقولوا على سبيل الهزار "متكلمين عليه/عليها." وبييجي بعد قراية الفاتحة الخطوبة، وبعدها كتب الكتاب (كتابة العقد على يد مأذون وتوثيق الجواز على الورق)، وبعدهم الدخلة (ليلة الفرح)، بعد كده بيعيش الاتنين مع بعض رسمياً. وبعض العائلات بتعمل كتب الكتاب والدخلة في يوم واحد.

قبيح – قبيحة – قُـبَـحة

المعنى الحرفي سلبي: شخص شكله وحش جداً. — ugly

المعنى المجازي سلبي: شخص متعود يقول كلام خارج كتير أو شتايم. وفي الحالة دي النطق بيكون / أبيح /. — crude, crass

---

قِتِم / إتِـم /

المعنى مجازي سلبي: بتتقال بين الأصحاب على واحد نكدي وله تكشيره. — negative person; sourpuss; wet blanket

---

قَد / أد / عُـقْـلِـة الصُـباع – قَد عقلة الصباع – مافيش جمع

المعنى مجازي غالباً إيجابي: راجع المعنى المجازي لمصطلح **شبر ونص.**

قَـذِر / قزر /

المعنى الحرفي سلبي: شخص مش نضيف. — unclean

المعنى المجازي سلبي: شخص لسانه مش نضيف وبيشتم كتير. أو بتتقال على واحد بيعمل حركات مش مناسبة مع الستات. — foulmouthed; potty mouth / perverted; gross; creepy

---

قِرْد / إرد / مِسَـلْـسِـل – مافيش مؤنث – مافيش جمع

المعنى مجازي سلبي: شخص **مالوش شخصية** وبيمشي ورا مراته بدون ما يكون له رأي. — whipped; pussywhipped

قُــرْطاس – مافيش مؤنث – مافيش جمع

المعنى مجازي سلبي: راجع المعنى المجازي لكلمة **إريال**.

pimp; panderer

قُــرَنـي / أورنـي / – مافيش مؤنث – مافيش جمع

المعنى مجازي سلبي: راجع المعنى المجازي لكلمة **إريال**.

قَــفا / أفا / – قفا – قفا

المعنى المجازي سلبي: راجع المعنى المجازي لكلمة **إريال**.

قِــفْــل / إفل / – مافيش مؤنث – إقْــفَــال / إعفال /

المعنى مجازي سلبي: شخص مقفل، يعني ما بيتقبلش الأفكار الجديدة في الحياة.

closed-minded

قُــفّــة / أُفة / – مافيش مؤنث – قُــفَــف

المعنى مجازي سلبي: شخص **مالوش شخصية** وبينفذ الأوامر – أي أوامر من مراته أو من أصحابه – بدون ما يتوقع حد إن يكون له رأي.

yes man; toady

قَــلْــبُه / ألبه / كبير – قَــلْــبَها كبير – قَــلْــبُهم كبير

المعنى مجازي إيجابي: شخص بيتفهم وبيسامح الآخرين.

tolerant; magnanimous

قَـــــلَـــق / ألأ / – قلق – قلق

anxious; nervous; the nervous type

المعنى مجازي سلبي: شخص **قلوق**، يعني غالباً قلقان ومتوتر وبيسبب القلق والتوتر للي حواليه. وممكن يكون المعنى يدل على الشك والريبة، زي مثلاً "المكان دا قلق."

قَـــــلـــوق / ألوء /

worrywart; worrier; the nervous type

المعنى حرفي سلبي: شخص بيقلق كتير وفي أي موقف بيكون متوتر. راجع المعنى المجازي لكلمة **قلق**.

قَليل / أليل / الأدب – قَليلة الأدب – قُـــلالاة الأدب

rude; jerk; creep

المعنى مجازي سلبي: شخص بيعمل حاجات غير لائقة (مع البنات مثلاً) أو بيقول كلام جارح أو شتايم.

قَليل / أليل / الأصل – قَليلة الأصل – قُـــلالاة الأصل

ingrate; ungrateful

المعنى مجازي سلبي: شخص بينسى الجمايل اللي الناس بتعملها له وما بيردش الجميل. يعني مثلاً لما تعمل خدمة أو جميلة في حد وبعد كده تشوفه يعمل نفسه مش عارفك أو يتخلى عنك.

قَليل / أليل / الحيا – قَليلة الحيا – قُـــلالاة الحيا

shameless; brazen

المعنى مجازي سلبي: شخص ما بيتكسفش وجريء خاصة في الأمور الجنسية.

قَليل / أَليل الحيلة – قَليلة الحيلة – قُــلالاة الحيلة

المعنى مجازي سلبي: شخص صعب عليه يتصرف في أقل الأمور الحياتية ودايماً بيدور على حد يقف جنبه ويقول له يعمل إيه.

helpless; not very capable; inept

قَــمَّــاص / أمَّاص /

المعنى حرفي سلبي: شخص بيزعل وياخد على خاطره من أقل سبب وبيتوقع من اللي حواليه إنهم يصالحوه حتى لو ماحدش عمل حاجة تستاهل. ونلاقي الشخص ده ياخد جنب ومستني لما حد ياخد المبادرة ويبدأ يكلمه ويصالحه.

sulker; one who sulks

قَــمّــور / أمور / – قَــمّــورة – قَــمَــامير

المعنى مجازي ايجابي: شخص جميل وغالباً فيه ملامح بنات.

angelic

قَوي المُــلاحْــظة – عندها قُوة ملاحظة – عندهم قوة ملاحظة

المعنى حرفي إيجابي: شخص بيلاحظ أي حاجة حواليه بسهولة وبيسجلها في دماغه.

observant

كافر – كافرة – كَــفَــرَة

المعنى الحرفي سلبي: راجع المعنى الحرفي لكلمة **زنديق**.

كَــتوم

المعنى مجازي إيجابي غالباً: شخص عنده مشاكل كتير لكن ما بيحبش يقولها للناس عشان ما يسببلهمش ضيق.

stoic; keeps a stiff upper lip

كَــتْــيان

المعنى حرفي سلبي: شخص **أهبل** مش عارف إيه اللي بيحصل حواليه.

out of touch; clueless

كَحول – مافيش مؤنث – كواحيل

المعنى المجازي السلبي الأول: العسكري اللي لسه داخل الجيش، يعني مُستَــجد ومش فاهم حاجة من قوانين الجيش وبيقع في مشاكل كتير بسبب كده وزمايله بيضحكوا عليه، فبنقول عليه **عسكري كحول**.

inexperienced; raw; green; novice

المعنى المجازي السلبي التاني: شخص تايه ومش عارف يعمل إيه في المواقف زي العسكري المستجد.

كِــرْشُه كبير – مافيش مؤنث – مافيش جمع

المعنى مجازي سلبي: شخص **مُرتَــشي**.

كَـسْـلان

lazy

المعنى حرفي سلبي: شخص ما بيحبش
يشتغل أو يعمل حاجة يعني بيحب
يعمل كل حاجة وهو قاعد مكانه
من غير حركة.

كَـسول

lethargic

المعنى حرفي سلبي: شخص بيميل في
طبيعته للكسل بس يعتبر نشيط أكتر من
الكسلان.

كِـشَـري

sourpuss

المعنى حرفي سلبي: شخص بيميل
للتكشير وما بيضحكش كتير.

كُـفْـتَـجي – كُـفْـتَـجية – كُـفْـتَـجية

lucky; *approx.* has beginner's luck

المعنى مجازي سلبي: راجع المعنى
المجازي لكلمة **طرشجي.**

كُـفْـتِـس – مافيش مؤنث – كفَاتسة

المعنى حرفي: كلمة محرفة من
لفظ "قبطي".

كُفيف

sightless (politically correct)

المعنى حرفي: شخص أعمى، وهو لفظ
مستحب أكتر. راجع المعنى الحرفي
لكلمة **أعمى.**

كَلب السراية – مافيش مؤنث – كلاب السرايا

literally dog of the palace

snitch; rat; informant

المعنى مجازي سلبي: شخص مرشد وعميل للبوليس وبيصاحب الناس ويبلغ أسرارهم للمخابرات أو الحكومة وممكن يخون أصحابه. والفكرة ممكن نلاقيها في فيلم *السمان والخريف* لما البطل عيسى الدباغ قال لأبو خطيبته "على الأقل أنا ما كنتش عميل للسرايا" يعني عميل للملك.

كَـلَـمَـنْـجي – كَـلَـمَـنْـجِيّة – كَـلَـمَـنْـجِيّة

one who babbles a lot; babbler

المعنى حرفي سلبي: شخص بيتكلم كتير من غير ما يقصد اللي بيقوله أو بيقول كلام فاضي.

كَـهين – كَهينة – كُهَـنَـة

obvious; being obvious

المعنى حرفي سلبي: شخص بيتخابث بطريقة مكشوفة بالنسبة للآخرين. يعني لو واحد قاعد في قهوة وشاف بنت وعايز يكلمها فقال لنا "ما شفتوش المفاتيح بتاعتي؟" وقام وراح لترابيزتها وسألها لو كانت شافت المفاتيح بتاعته مع إن المفاتيح في جيبه وكان واضح إن المفاتيح ما ضاعتش منه، بس عمل الفيلم دا عشان يحاول يتعرف عليها، فصحابه عشان فاهمين اللي عمله ممكن يقولو له "ياكهين!".

كَـــوِيرْك – مافيش مؤنث – مافيش جمع

المعنى حرفي سلبي: بتستخدم بين الأصحاب أو في سياق عامية الأميين لشخص **أي كلام** في تعاملاته.

untrustworthy; unreliable

كَئيب

المعنى حرفي سلبي: شخص كل قعدته حزن و**متشائم** وبيرفض غالباً تغيير الموضوع.

depressing; wet blanket; party pooper

كِيس جوافة – كِيس جوافة – مافيش جمع

المعنى مجازي سلبي: شخص **مالوش شخصية**، وبتتقال بين الأصحاب أو بين الأوساط الشعبية لما واحد يقعد مع الناس وماحدش يعمله حساب، فلو مثلاً اتنين بيحبو بعض والبنت جالها تليفون وما قالتش للي بتحبه مين اتصل بيها فممكن يقول لها: "مش لازم تقولي لي مين كلمك؟ ولا فاكراني كيس جوافة؟"

a pushover; has no will/no thoughts of his own

كَيَّـــاد

المعنى حرفي سلبي: راجع المعنى الحرفي لكلمة **غياظ**.

لابس اللي على الحبل – لابسة اللي على الحبل – لابسين اللي على الحبل

المعنى مجازي: شخص لابس أحسن ما عنده من لبس.

in his Sunday best; dressed-up

لا بِيْوَدِّي ولا بيجيب – لا بِتْوَدِّي ولا بتجيب – لا بِيْوَدُّو ولا بيجيبو

المعنى مجازي سلبي: راجع المعنى
المجازي لكلمة **طربوش.**

لا حَوْل له ولا قوة – لا حَوْل لها ولا قوة – لا حَوْل لهم ولا قوة

المعنى مجازي سلبي: الشخص اللي مافيش في إيده حاجة يعملها تجاه مشكلة معينة أو ما بيقدرش يدافع عن نفسه أو يدافع عن الآخرين أو ما يقدرش يساعد حد عشان ماعندوش نفوذ أو واسطة.

powerless; helpless

لارچ – لارچ – لارچ

المعنى مجازي إيجابي: شخص كريم مع الناس.

generous

لاسِــع

المعنى المجازي غالباً سلبي: راجع المعنى المجازي لكلمة **ضارب.**

eccentric; weird

لانـج – لانـج – لانـج

المعنى حرفي: حاجة جديدة، وغالباً بنقول "جديد لانج" للتأكيد إنه جديد فعلاً.

brand new

لَــبْــخة – لَــبْــخة – لَــبْــخة

المعنى مجازي سلبي: شخص ما بيعرفش يتصرف في المواقف المختلفة بصفة عامة.

incompetent; inept

لِــبْــلِــب – لِــبْــلِــب – مافيش جمع

المعنى مجازي إيجابي: شخص بيتكلم لغة غير لغته بطلاقة، وبنقول "لبلب في العربي" أو "بيتكلم إنجليزي لبلب."

fluent; speaks like a native

لَذيذ / لزيز / – لَذيذة – لُــذاذ

المعنى مجازي إيجابي: شخص **ظريف**.

sweet; cute

لَــزْقة / لزأة / – لزقة – لزقة

المعنى مجازي سلبي: شخص بيفضل مع اللي جنبه بدون ما يديله مساحة للخصوصية ويفضل لازق جنبه، زي الأطفال اللي بيفضلوا جنب أمهم، وبنقول للشخص ده "ما تبقاش/ما تبقيش لزقة بقى." ولما نقول "لزقة أمريكاني" يعني الشخص ده مستحيل التخلص منه.

clingy

لِسانُه طَويل – لِسانْها طَويل – لِسانْهم طَويل

المعنى مجازي سلبي: شخص سليط اللسان، يعني كلامه جارح وبيكون عن قصد.

crass; rude

لِسانُه فَالِت – لِسانْها فَالِت – لِسانْهم فَالِت

المعنى مجازي سلبي: شخص سليط اللسان، يعني كلامه جارح لكن من غير ما يقصد.

tactless; thoughtless; inadvertently rude

لِــعَــبي

goof off; not serious;
doesn't take anything seriously

المعنى مجازي سلبي: شخص
ما بيعملش حاجة في حياته بجد أو ما
بيدخلش في علاقات جادة. فنقول على
واحد لعبي لو بيسيب شغله كل شوية
وياخد راحة، أو لو بيدخل في علاقات
عاطفية مع الجنس الآخر لكن
ما بتدومش لوقت طويل.

لَــعِّــيب – لعيبة – لعيبة

pro; professional-level player

المعنى الحرفي إيجابي: شخص بيلعب
لعبة كويس قوي زي المحترفين.

المعنى المجازي إيجابي: غالباً شخص
بيكسب لما بيدخل في منافسة مع ناس
تانيين. يعني لو واحد عنده شركة
ودخل في مناقصة مع شركات كتير
وقدر مثلاً في آخر لحظة إنه يقدم شيء
ما قدمهوش المنافسين التانيين ودا اللي
خلاه يفوز بالمناقصة.

لُــقْــطة / لؤطة / – لقطة – لقطة

easy mark; easy target

المعنى المجازي السلبي: شخص ممكن
يتنصب عليه أو ينضحك عليه بسهولة.
يعني لو واحد ما بيعرفش يلعب طاولة
كويس وراح على القهوة وكان فيه واحد
تاني عايز يستعرض عضلاته، يعني
يوري لصحابه إنه مافيش زيه في لعب

الطاولة، فيجيب اللي ما بيعرفش يلعب
طاولة ويقول "لازم ألاعبه عشان دا
لقطة وفرصة أبين لهم إن مافيش زيي
في الطاولة."

a great find; a great catch

المعنى المجازي الإيجابي: لو فيه حاجة
أو واحد ممتاز وفيه كل المواصفات اللي
شخص تاني عايزها فيقول "دا لقطة."
فمثلاً ممكن نقول "دي شقة لقطة عشان
بتطل على النيل وهواها بحري وواسعة
والعمارة فيها أسانسير وكمان إيجارها
رخيص" أو البنت ممكن تقول على واحد
عريس لقطة عشان فيه كل المواصفات
اللي بتتمناها وبيحبها وغني ... إلخ.

لَـــقيط – لقيطة – لُـــقَـطاء

abandoned baby

المعنى حرفي سلبي: طفل مولود من
علاقة غير شرعية ولقوه على باب
الملجأ. راجع المعنى الحرفي لمصطلح
ابن حرام.

لِـــكَـــعي

slowpoke

المعنى حرفي سلبي: شخص بيعمل كل
حاجة ببطء.

لَمَّـــاح

quick; perceptive; sharp

المعنى مجازي إيجابي: شخص بيفهم
(مجازاً) ما بين السطور، يعني لما حد
يتكلم عن حاجة من غير ما يوضح،

اللماح يفهم صح الشخص التاني عايز يقول إيه. وبنقول على الشخص ده "بيفهمها وهي طايرة."

لَهلوبة – لَهلوبة – لَهاليب

المعنى مجازي إيجابي: شخص بيعمل اللي يتطلب منه بسرعة من غير خطأ، وغالباً بتتقال على الرقاصة اللي بترقص حلو قوي وعارفة الناس عايزين يشوفوا إيه.

trusty; dependable

crowd-pleaser

لومانْــجي – لومانجية – لومانجية

المعنى حرفي سلبي: شخص كان في اللومان (السجن) وخرج ومتعود على دخول السجن. (لومانجي = خريج سجون = أرباب سوابق)

convict; ex-con; convicted felon

لِــوِن

المعنى مجازي سلبي أو إيجابي على حسب السياق: شخص بيهتم بمظهره وحركاته عشان يعجب الجنس الآخر، وغالباً بتتقال على البنات.

seductive; coquettish; flirtatious

لَئيم – لَئيمة – لُــؤَمَة

المعنى حرفي سلبي: شخص **خبيث**.

مِـأَشْـفَـر

المعنى مجازي سلبي: بتستخدم بين الأصحاب أو في سياق عامية الأميين لشخص محتاج حاجات كتير كان محروم منها زي اللي لسه خارج من السجن ومحتاج فلوس وعلاقات نسائية وأكل ... إلخ.

approx. desperate

ما بيحسِّش – ما بتحسِّش – ما بيحسوش

المعنى مجازي سلبي: شخص ما بيحسش بالآخرين. راجع المعنى المجازي لمصطلح **عديم الإحساس**.

unfeeling; uncaring; heartless

ما بيعرفش – مافيش مؤنث – مافيش جمع

المعنى مجازي سلبي: راجل عنده عجز جنسي وبعض الناس بيقولوا "ما بيقدرش." وفي فيلم *محامي خلع* تم استخدام "ما بيعرفش" عشان ترفع البطلة داليا البحيري قضية خُلع على جوزها.

impotent; can't get it up

مادّي

المعنى مجازي سلبي: شخص ما بيهتمش إلا بأي حاجة لها علاقة بالفلوس، والمبادئ عنده مالهاش قيمة تذكر وأهم حاجة عنده الفلوس.

materialistic; money hungry; greedy

ماشي حاله – ماشي حالها – ماشي حالهم

not too bad; okay; fine

المعنى مجازي: حاجة أو حالة شخص
مش كويسة ومش وحشة، يعني
"نص نص" أو "مش بطال."

مالوش شخصية – مالهاش شخصية – مالهمش شخصية

spineless; gutless wonder

المعنى مجازي سلبي: شخص مراته
ممشياه، يعني هي اللي بتتحكم في كل
شيء وهي الآمر الناهي، وما بيقدرش
يعترض على قرار هي بتعمله. وكمان
الشخص اللي ما بياخدش مواقف لو حد
أهانه أو أهان مراته، فعلى سبيل المثال
لو حد أحرج مراته في حفلة أو قعدة
وكان المفروض يرد ويدافع عنها، لكنه
ما خدش موقف فممكن نقول عليه إن
مالوش شخصية.

مامِـنوش فايدة – مامِـنهاش فايدة – مامِـنهمش فايدة

المعنى مجازي سلبي: راجع المعنى
المجازي لمصطلح **خيال مآته.**

مانيكان – مانيكان – مانيكان

mannequin

المعنى الحرفي الأول: المجسم اللي
بيكون على فـتـرينة محلات الملابس
والأزياء وبيحطوا عليه الهدوم للعرض.

model; mannequin

المعنى الحرفي التاني: مهنة البنت
(أو الشاب) اللي بتشتغل في عروض

الأزياء يعني عارضة أزياء/ موديل زي
كلوديا شيفر عارضة الأزياء الشهيرة.

model thin

المعنى المجازي إيجابي: البنت اللي جسمها رفيع ومتناسق يعني زي **العود الفرنساوي** (الصورة النمطية لجسم البنت الفرنساوية هو رفيع ومتناسق وجميل).

مايِــــع

wishy-washy

المعنى مجازي سلبي: شخص ما بياخدش قرار. راجع المعنى المجازي لمصطلح **سكينة تلمة**.

مُــبْــخَــت

fortunate; lucky

المعنى حرفي إيجابي: شخص محظوظ.

مُــبَــذِّر

a wasteful person

المعنى حرفي سلبي: شخص **مسرف**.

مِــبَــرْشِم

stoned

المعنى حرفي سلبي: شخص بياخد برشام، والبرشام يعني قرص دوا لكن المعنى هنا الأقراص الدوائية المخدرة. يعني المبرشم هو اللي واخد برشام وغايب عن الوعي الكامل نتيجة للأدوية المخدرة اللي واخدها.

مِـبَـعْـجَـر

المعنى مجازي سلبي: شخص تخين قوي وجسمه مش متناسق. (مبعجر = مكعور)

مِـبَـقْـلَـظ / مبألظ /

المعنى حرفي: بين الأصحاب أو في سياق عامية المتنورين لوصف شخص تخين وغالباً شكل جسمه دائري شوية.

roly-poly

مِـبَـلَّـط في الخط – مِـبَـلَّـطة في الخط – مِـبَـلَّـطين في الخط

المعنى مجازي سلبي: المعنى الحرفي لكلمة "مبلط" هو الشخص اللي بيركب البلاط على الأرض. والشخص اللي "مبلط في الخط" بيكون شخص ما عملش أي تقدم في الحاجة اللي المفروض يعملها وغالباً بيكون مطنش يعني مش عايز ينجز.

stalling; dragging his feet

مِـتْـأسِّـس في ...

المعنى مجازي إيجابي: شخص خبير في حاجة أو علم أو مادة نتيجة دراسة قوية. ممكن نقول مثلاً "متأسس في البرمجيات."

well-grounded in something; knowledgeable in something

مِـتْـأمَّـع – مافيش مؤنث – متأمعين

المعنى مجازي إيجابي: شخص **شايف نفسه** ولابس كويس، يعني فخور بنفسه لكن ما بيتعالاش على الناس.

self-satisfied; pleased with himself

مِـتْـأنْـزَح

المعنى حرفي سلبي: راجع المعنى الحرفي لكلمة **أنزوح**.

مِـتْـأنِّي

المعنى حرفي إيجابي: راجع المعنى المجازي لكلمة **راسي**.

مُـتَـبَـلِّـد

المعنى مجازي سلبي: راجع المعنى المجازي لمصطلح **ما بيحسش**.

مُـتَـحَـدِّث لَبِق – متحدثة لبقة – متحدثين بلباقة

المعنى حرفي إيجابي: شخص بيتكلم في المناسبات الرسمية خصوصا بإقناع ودبلوماسية، وغالباً اللي عنده حضور في الكلام (كاريزما) هو المتحدث اللبق.

public speaker; a great orator

مُـتَـحَـرِّر

المعنى مجازي إيجابي أو سلبي حسب السياق: شخص عايز يتخلص من العادات والتقاليد البالية.

liberated

مُـتَـحَـضِّـر

المعنى حرفي إيجابي: شخص بيتصرف حسب قواعد المدنية الحديثة على أحسن وجه.

civilized

مُـتَـحَـيِّـز

prejudiced; biased

المعنى حرفي سلبي: شخص غالباً بيكون عنده حكم مسبق تجاه فكر معين أو مكون فكرة معينة عن موضوع معين ومنساق ورا فكرته، وما بيسمعش بالقدر الكافي عشان يعيد النظر في فكرته أو ماعندوش الاستعداد أصلا لتغيير فكرته.

مُـتَـخَـلِّـف

backward

المعنى مجازي سلبي: شخص عايز يعيش في العصر الحديث بأفكار وعادات الماضي القديم.

مِـتْـدَرْوِش

approx. hermit

المعنى مجازي سلبي غالباً: شخص عايش في دروشة العبادة وتايه عن الأحداث الجارية.

مِـتْـدَلَّـع

spoiled

المعنى حرفي سلبي: شخص متوقع كل اللي عايزه يلاقيه زي الأطفال مثلاً.

راجع المعنى الحرفي لكلمة **دلوع**.

مِـتْـدَهْـوِل على عينه – مِـتْدَهْـوِلة على عينها – مِـتْـدَهْوِلين على عينهم

approx. zombie; in his own little world

المعنى مجازي سلبي: بتستخدم بين الأصحاب أو في عامية المتنورين لشخص مبهدل في لبسه بطريقة

ملحوظة، وكمان مش واعي للي
بيحصل حواليه من أحداث عامة في
الدنيا أو شخصية تخص أسرته.

مُـتَـدَيِّـن

المعنى حرفي: راجع المعنى الحرفي
لكلمة **تقي**.

مُـتَـرَدِّد

wishy-washy; irresolute

المعنى حرفي سلبي: شخص بيخاف
ياخد قرار في حياته أو في مشكلة تقابله،
وكل مايجي يقرر يرجع في كلامه
ويفكر تاني، ولما يوصل لرأي في
الموضوع أو المشكلة يرجع في كلامه
تاني ... إلخ. وممكن ياخد رأي ناس
تانيين في الموضوع، وبعدين يفكر تاني
ومايكونش عارف يعمل إيه.

مِـتْـرَهِـبـن

ascetic; monk-like

المعنى مجازي إيجابي أو سلبي على
حسب السياق: شخص بيتوصف زي
الراهب، يعني بيبعد عن الستات
وبيقضي وقت كتير في العبادة.

مُـتَـزَمِّـت

fanatic; extremist

المعنى حرفي سلبي: شخص **متعصب**
و**متشدد** دينياً.

مُـتَـسَـرِّع

المعنى حرفي سلبي: شخص بيتصرف أو بياخد قراراته من غير مايفكر كويس، وغالبا بيكون تصرفه أو قراره غير مناسب. (متسرع = مندفع)

مُـتَـسَـلِّـط

المعنى حرفي سلبي: شخص ديكتاتور، يعني عايز رأيه هو اللي يمشي وبس.

dictatorial; controlling; control freak

مُـتَـسَـلِّـق

المعنى مجازي سلبي: شخص وصولي زي النبات المتسلق.

مُـتَـسَـوِّل

المعنى حرفي أو مجازي: راجع المعنى الحرفي والمجازي لكلمة **شحات**.

مُـتَـشَـائِـم

المعنى حرفي سلبي: شخص شايف الدنيا سودا وكل حاجة حتحصل وحشة.

pessimist

مُـتَـشَـدِّد

المعنى حرفي سلبي: شخص بيتمسك بالقديم ومش عايز يغير أفكاره ولا رأيه حتى لو غلط.

backward; old-fashioned; conservative; old school

مُـتَـشَـرِّد

المعنى حرفي سلبي: راجع المعنى المجازي لكلمة **سككي**.

مِـتْـشَـيِّـك

المعنى حرفي إيجابي: شخص لابس لبس لايق ومتناسق وشكله حلو وبنقول "متشيك وعلى سنجة عشرة."

dressed-up; looking sharp

مُـتَـصَـنِّع

المعنى مجازي سلبي: شخص متكلف في تصرفاته، يعني مش على طبيعته في تعاملاته مع الآخرين.

fake; pretentious

مُـتَـطَـرِّف

المعنى حرفي سلبي: شخص غير معتدل في تصرفاته، فقد تكون في أقصى اليمين أو أقصى اليسار، يعني مثلاً شخص بياخد آراء منحازة بدرجة كبيرة لتيار معين أو بيمارس عادة معينة مافيهاش أي اعتدال. لكن في الأيام دي بتستخدم أكتر للشخص **المتدين** بما لا يلائم الحياة العصرية. فمثلاً الشخص اللي بيعتقد إن معتقداته هي بس الأصلح في الدنيا وكل الآخرين غلط فنقول عليه متطرف، أو مثلاً اللي بيفسر تعاليم دينه بطريقة لا تتماشى مع الحياة العصرية فممكن نقول عليه **رجعي** ومتطرف.

extremist; fanatic

مِـتْـطَـاهِـر – مِـتْـخَـتِّـنة – متطاهرين / متختنين

circumcised

المعنى حرفي: الولد أو الراجل اللي
"طاهروه" يعني شالوا الجزء الزيادة
الخارجي من الجلد من العضو التناسلي
بتاعه – القضيب/العنقود على وصف
علاء الأسواني في رواية شيكاجو –
وفيه أغنية شعبية بيقول مطلعها "يا أم
المتطاهر رشي الملح سبع مرات" تعبيرًا
عن فرحة الأهل بالطهور. وهناك مفهوم
عند ولاد البلد إن الولد اللي ما
يتطاهرش مش حيخلف لما يتجوز أو
مش حيكون قادر جنسيا على الإنجاب.

وبنقول على البنت (في صيغة المؤنث)
"متختنة" ومنها العبارة المستخدمة في
كل وسائل الإعلام للتوعية "منع ختان
الإناث."

مُـتَـطَـفِّـل

approx. nosy; busybody

المعنى حرفي سلبي: الشخص اللي
بيحاول يتدخل في شئون الآخرين، يعني
لو واحد لقى اتنين يعرفهم بس قاعدين
في ترابيزة جنبه وسمع واحد منهم بيتكلم
عن موضوع فيحاول يدخل في
الموضوع بدون ما حد ياخد رأيه أو
يطلب منه يتدخل في الموضوع.

مِـتْـظَـبَّـط

المعنى مجازي إيجابي: بتستخدم بين الأصحاب لوصف شخص خد كفايته من إحساس مزاجي أو معنوي، مثلاً لو واحد شرب سجاير أو شيشة أو مخدرات أو كحول. أو ممكن تتقال على أي إحساس بالراحة، يعني كمان ممكن واحد يقول "أنا رحت للحلاق وظبطني" يعني قص لي شعري بالقصة اللي عايزها بالظبط، أو واحدة ممكن تقول لواحد بتحبه "إنت ظبطني" بعد ما يكون قال لها كلام رومانسي. وكمان ممكن نقول "دا متظبط كده" لما يكون عندنا مثلاً جهاز بيشتغل على ١١٠ فولت وعملنا له حاجة عشان يشتغل على ٢٢٠ فولت، فلو صاحب الجهاز سأل فيه حاجة تانية ممكن نعملها قبل ما نشغله على ٢٢٠ فولت، فنقول له "ما تقلقش الجهاز دلوقت بقى متظبط."

approx. set; all set; completely satisfied; "that hit the spot"

مُـتَـعـالي

المعنى مجازي سلبي: شخص شايف نفسه أحسن من غيره وبيعاملهم من هذا المنطلق.

مُـتَـعَـصِّـب

المعنى حرفي سلبي: شخص متمسك بأفكاره حتى لو غلط وعنده حكم مسبق عن الناس.

bigoted; fanatic

مِـتْـعَـنْـطَـظ

arrogant; stuck up

المعنى حرفي سلبي: شخص شايف نفسه
أحسن من غيره وبيبين ده للناس عن قصد.

مُـتَـغَـطْـرِس

arrogant; stuck up

المعنى حرفي سلبي: شخص متعالي
على الناس، والمعنى قريب جداً
من **متعنطظ**.

مُـتَـفائِل

optimist

المعنى حرفي إيجابي: شخص
بيحب يشوف كل شيء إيجابي،
يعني عكس **متشائم**.

مُـتَـفَـتِّـح

understanding

المعنى المجازي الإيجابي الأول:
شخص بيحاول يفهم الآخرين ويقدر
مشاعرهم أو مواقفهم من وجهة نظرهم.

open-minded

المعنى المجازي الايجابي التاني:
شخص منفتح على العالم وبيقبل الأفكار
الجديدة بسهولة.

مُـتَـقَـلِّـب

المعنى مجازي سلبي: شخص شوية
مبسوط وبدون أسباب يبقى زعلان أو
مكتئب. وبنقول متقلب اختصار
لمصطلح "متقلب الأطوار."
(متقلب = مزاجي = مودي)

مُـتَـكَـبِّـر

المعنى مجازي سلبي: راجع المعنى
مجازي لكلمة **متعالي.**

arrogant; stuck up

مُـتَـكَـلِّـف

المعنى مجازي سلبي: شخص ما
بيتعاملش بطبيعته مع الناس، يعني
بيتعامل بتصنع.

fake; affected; pretentious

مُـتَـكَـلِّـم

المعنى مجازي إيجابي: شخص بيعرف
يتكلم في المواقف المختلفة.

a good conversationalist

مُـتَـمَـيِّـز

المعنى حرفي إيجابي: شخص مختلف
عن غيره بالإبداع أو بالتفاني في العمل
أو بأدائه الممتاز. فمثلاً ممكن نقول عن
شخص بإنه متميز في شغله عشان
بيحاول يطلع بأفكار جديدة في الشغل أو
له ميزة معينة بتميزه عن غيره.

one who excels; distinguished

مُـتَـهَـوِّر

المعنى حرفي سلبي: شخص بيعمل
حاجات بدون حساب منطقي وبدون ما
يفكر في العواقب أو يدرسها كويس.

rash; hasty

مُــتَــوَتِّــر

المعنى حرفي سلبي: شخص حاسس بالقلق من حاجة معينة.

nervous; tense

مِــتْــوَدِّك

المعنى مجازي إيجابي: شخص عنده خبرة في حاجات واتعلم من التجارب اللي مر بيها.

has been around the block; street smart; worldly

مُــجْــرِم

المعنى الحرفي سلبي: شخص عمل جريمة أو سهل عنده يعمل جريمة.

criminal

المعنى المجازي السلبي: شخص ممكن يعمل حاجات فيها اندفاع وجرأة زيادة عن اللزوم.

brash; brazen

المعنى المجازي الإيجابي: غالباً لما الراجل يعمل حاجات جنسية تبسط الست فهي تقول له "مجرم."

approx. "bad boy"; "you bad thing"

مَجْنون – مَجْنونة – مَجَانين

المعنى الحرفي لوصف حالة مرضية: شخص مختل عقلياً.

insane

المعنى المجازي سلبي أو إيجابي على حسب السياق: شخص تصرفاته مختلفة ما تخطرش على بال حد، وللمبالغة ممكن نقول "مجنون رسمي" أو **عباسية** أو **منخوليا**.

crazy, nuts

مُـــحافِــظ

governor

المعنى الحرفي: مهنة الشخص المسئول عن محافظة، وفي بعض البلاد الترجمة للوظيفة المشابهة بتكون مختلفة. يعني في مدينة نيويورك المسئول عن المدينة هو عمدة نيويورك.

conservative

المعنى المجازي غالباً إيجابي: شخص متسمك بالعادات والتقاليد. فمثلاً في بعض البلاد العربية البنت بقت ممكن ترجع من شغلها متأخر وفي نص الليل، بس ممكن نلاقي واحدة محافظة أو من عيلة محافظة لسه باقية على العادات القديمة وما بترضاش إنها ترجع بعد الساعة ٩ بالليل. وفيه أحزاب سياسية في بعض البلاد اسمها مثلاً حزب المحافظين.

مِــحْــتـار

unsure; wavering; torn; confused

المعنى حرفي: شخص قدامه أكتر من اختيار ومش عارف يقرر أو يختار حاجة.

مِــحْــتـاس

at a loss; at wit's end

المعنى حرفي غالباً سلبي: شخص مش عارف يعمل إيه في موقف معين لكنه مش متردد. يعني مثلاً واحد بيصلح حاجة ومش عارف يصلحها وعمال يحاول لكنه مش عارف فيقول "أنا محتاس في تصليح الجهاز."

مُـــحْـــتَـال

thief; crook

المعنى حرفي سلبي: شخص
بيضحك على الناس وبينصب عليهم،
يعني نصّاب.

مُـــحْـــتَـــرَم

respectable; well-respected

المعنى حرفي إيجابي: شخص الناس
بتقدره عشان أسباب كتير، ممكن يكون
عشان بيحافظ على كلامه ووعوده،
وممكن عشان ما بيعملش حاجة تنتقده
الناس عليها، وهكذا.

مُـــحْـــتَـــشِـــم

modest (in dress)

المعنى حرفي إيجابي: شخص مش
لابس حاجة خليعة، والكلمة لها علاقة
باللبس وخصوصاً مع الستات لما يكون
اللبس مش مبين تفاصيل الجسم.

مِـــحَـــجِّـــب

approx. Teflon; (seemingly)
invincible

المعنى مجازي إيجابي: شخص كل ما
تجيله مصيبة أو مشكلة يطلع منها "زي
الشعرة من العجين" يعني يطلع من
المشكلة بدون تأثير عليه.

مُـــحَـــجَّـــبَـــة – مافيش مذكر – مُحَجَّبات

covers her hair; veiled (when
used to refer to hair covering)

المعنى حرفي: الست المسلمة اللي مغطية
شعرها على طول طالما هي بره بيتها.

مُـحَرِّض

المعنى حرفي سلبي: شخص بيحاول
يقنع شخص تاني بإنه يعمل حاجة
وحشة لبعض الناس.

approx. bad influence

مِـحَـسْـوِك

المعنى حرفي سلبي: شخص بيعمل أي
حاجة ببطء.

meticulous; fastidious

مُـخادِع

المعنى حرفي سلبي: شخص بيلف
ويدور في الكلام عن قصد.

giving the runaround; one who is
not being straight

مُـخُّـه زي الجزمة – مُـخُّـها زي الجزمة – مُـخُّـهم زي الجزمة

المعنى مجازي سلبي: راجع المعنى
المجازي لكلمة **جزمة**.

مُـخُّـه ضِـلِـم – مُـخُّـها ضِـلِـم – مُـخُّـهم ضِـلِـم

المعنى مجازي سلبي: شخص ما بيقبلش
أفكار جديدة، يعني أفكاره اللي في
دماغه ثابت عليها وبس.

مُـخْـلِـص

المعنى حرفي ايجابي: شخص ملتزم
للشخص اللي اتفق معاه على حاجة،
والاستخدام الأكثر شيوعاً هو الشخص
اللي ما بيعرفش واحدة تانية على مراته
فهو مخلص لها.

loyal; faithful

مُــخُّه مِــصَــدِّي – مُــخَّها مِــصَــدِّي – مُــخُّهم مِــصَــدِّي

المعنى مجازي سلبي: راجع المعنى المجازي لمصطلح **مخه ضلم**.

set in his ways

مخُّه ناشِف – مخَّها ناشف – مخُّهم ناشف

المعنى مجازي سلبي: راجع المعنى المجازي لمصطلح **راكب دماغه**.

مَــدَب – مَــدَب – مافيش جمع

المعنى حرفي سلبي: شخص بيقول كلام مش المفروض يقوله في اللحظة اللي بيتكلم فيها، وده بيكون طبعه غالباً لأنه ما بيقصدش.

one who has foot-in-mouth disease

أو الشخص اللي ما بيحافظش على سر وفي الحالة دي بنقول عليه "ما بينبلش في بقه فولة."

blabbermouth

مُــدَبِّــر

المعنى حرفي إيجابي: شخص بيعرف يعيش على قد الفلوس اللي معاه وبيجيب معظم اللي هو عايزه بسعر يناسب فلوسه، وما بيخلصش الفلوس اللي معاه قبل نهاية الشهر وييجي معاد قبض مرتب الشهر اللي بعده.

frugal; lives within his means/within a budget

مِـدَرْدَح

ladies' man; skilled with women

المعنى حرفي إيجابي: شخص عرف ستات كتير قبل كده وبيعرف يتكلم معاهم، وفي فيلم *البنات والصيف*، القصة الثالثة، لعبد الحليم حافظ وسعاد حسني، كان عبد الحليم بيحب جارته، زيزي البدراوي، وكل ما يكلمها من البلكونة يتكلم عن حاجات مملة مكررة، وكانت جارته بتحاول تفتح معاه مواضيع وتديله سكة إنه يطلب منها إنه يقابلها بره ويخرجوا سوا، لكن هو ما كانش بياخد خطوة وبيرتبك، فقالت له سعاد حسني، أخته في الفيلم: "البنت بتحب الراجل المدردح، فهي – جارته – قالتلك الجو حر، فالمفروض تقول لها أنا عارف مكان على الكورنيش، مثلاً، تحبي نروح نشرب حاجة ساقعة؟"

مِـدَلَّـع نَفْسُه – مِـدَلَّـعة نَفْسَها – مِـدَلَّـعين نَفْسُهم

self-indulgent; extravagant; has expensive tastes

المعنى مجازي إيجابي: شخص بيصرف فلوسه على نفسه وما يحرمش نفسه من حاجة، يعني بيلبس اللي نفسه فيه بشياكة وبياكل أحسن أكل وبيروح يصيف في أماكن حلوة وهكذا.

مُـدَلَّـل

المعنى حرفي سلبي: راجع المعنى الحرفي لكلمة **متدلع.**

مُـــراهِــق

المعنى حرفي: شخص في مرحلة سنية من مراحل الشباب وهي من مرحلة البلوغ لغاية العشرين من العمر.

adolescent; teenager

مَـــرْبــوك

المعنى حرفي سلبي: شخص مرتبك في موقف معين ومش عارف يتصرف، مش عشان متردد في القرار لكن مش عارف يعمل إيه ساعتها والمعنى قريب من كلمة **محتاس**.

at a loss; at wit's end

مُــرْتَــبِــط

المعنى مجازي إيجابي: شخص له علاقة رسمية ببنت، يعني مخطوبين، أو مش رسمية، يعني بيحب بنت ومافيش خطوبة ولا جواز لسه. يعني ولد على علاقة بواحدة ونفس الشيء بالنسبة للبنت. ومش عيب ثقافياً لو واحدة قالت لواحد "إنت مرتبط؟". طبعاً هو حيفهم إنها مهتمة بيه وعايزة تعرف لو هو على علاقة بواحدة.

attached; with someone

مُــرْتَــد

المعنى مجازي سلبي (في سياق ديني إسلامي): شخص كان مسلم وغير دينه، ودينياً حكم المرتد هو القتل.

apostate

مُـرْتَـشي

corrupt; on the take

المعنى حرفي سلبي: موظف في الحكومة أو في شركة بياخد فلوس من الناس عشان يعمل لهم خدمة هو بياخد فلوس عليها أو فلوس من الحتة اللي بيشتغل فيها، أو بياخد فلوس على حاجة ممنوعة لكن هو بيوافق لما ياخد فلوس. يعني مثلاً لما تكون تراخيص البناء في حي من الأحياء هي بناء أربع أدوار بس وفيه واحد عايز يبني عمارة عشر أدوار مثلاً فيدفع لمهندس الحي أو الموظف المختص مبلغ عشان يطلع له ترخيص ببناء عشر أدوار. وثقافياً، ومن كتر الفساد، بقى اسم الرشوة مختلف، يعني بقى اسمها "الحلاوة" أو "حاجة تمشي الحال" أو "عشان الشاي" يعني مصاريف الشاي، وكمان بقى اسم المرتشي موظف حرك و**فهلوي**.

مَـرِح

life of the party; fun; funny

المعنى حرفي إيجابي: شخص دايماً بيخلي اللي حواليه يضحكوا أو بيسبب الضحك في القعدة اللي هو فيها، يعني يتكلم على مواقف حصلت له أو حصلت لغيره مضحكة وبيقول نكت ... إلخ.

مِــرَقَّــع / مِــرَأَع /

patched up

المعنى الحرفي: حاجة مقطوعة وبنحط حاجة تانية شبيهة بيها عشان نغطي القطع، يعني لما كان زمان واحد فقير عنده بنطلون مقطوع، فكان يجيب حتة قماش تانية يغطي بيها القطع وكان الناس بيقولوا "بنطلونه مرقع."

wise to the ways of the world; worldly; world-wise

المعنى المجازي إيجابي غالباً: شخص من عامة الشعب شاف كتير في حياته ومر بتجارب كتير خلت من الصعب الضحك عليه.

مِــرَوَّق نفسه / مِــرَوَأ نفسه / – مِــرَوَّقة نفسها – مِــرَوَّقين نفسهم

self-indulgent

المعنى مجازي إيجابي: شخص مهتم بنفسه وراحة باله وعمل كل اللي نفسه فيه، يعني كل كويس وشرب اللي عاوزه ولبس اللي على الحبل.

مُــريب

fishy kooky; strange

المعنى حرفي سلبي: شخص تصرفاته غريبة واحنا قلقانين منه.

مِــرَيِّــش

المعنى مجازي: شخص غني وبنقول برضه **ميسور الحال** و**مقتدر**، وكلمة مريش جاية من ريش النعام اللي كان الأغنيا بيعملوه مخدات يناموا عليها.

مَـزاجي

المعنى مجازي سلبي: راجع المعنى
المجازي لكلمة **متقلب**.

مُـزّ – مُـزّة – مُـزَز

المعنى حرفي إيجابي : شخص جميل
وجسمه يعجب معظم الستات.

hot; hottie; babe

مُـزْعِـج

المعنى الحرفي سلبي: شخص حركته
وكلامه بتكون بصوت عالي وبيضايقنا.

annoying

المعنى المجازي سلبي: شخص بيضايق
اللي حواليه بطلباته وتصرفاته.

annoying; pain in the ass

مِـزْواج

المعنى حرفي سلبي: شخص بيحب
يتجوز كتير سواء في نفس الوقت أو بعد
ما يطلق واحدة يتجوز التانية وهكذا.
وأحسن وصف للشخصية دي ممكن
نلاقيها في فيلم *الزوج العازب* لفريد
شوقي وهند رستم، *والزوجة السابعة*
لمحمد فوزي وماري كويني، *والزوجة*
الــتلاتاشر لرشدي أباظة وشادية.

polygamist; serial polygamist

مُـزَيِّـف

المعنى حرفي سلبي: شخص بيقلد مستند
رسمي ويعمل منه نسخة شبه الأصل،

counterfeiter; forger

زي اللي بيزور الفلوس والشهادات الجامعية ... إلخ.

مِـسْـتَـشْـيَـخ

المعنى مجازي سلبي (في سياق إسلامي): شخص عامل فيها شيخ، يعني مربي دقنه وبيتكلم عن الدين كتير أو بقى متدين وهو ما يعرفش حاجة في الدين.

المعنى مجازي إيجابي (في سياق إسلامي): الشخص اللي بقى متدين بجد وربى دقنه وبيتكلم في الدين عن معرفة.

مِـسْـتَـعْـفي

المعنى مجازي سلبي: شخص فرحان بقوته وبيهزر وبيعمل كل حاجة بعنف، يعني ممكن يهزر مع صحابه باستخدام عضلاته، أو ممكن يفك حاجة سهلة الفك باستخدام قوة أكتر من اللازم ويكسرها.

approx. brute

مُـسْـتَغِـلّ

المعنى حرفي سلبي: شخص بيتظاهر بحاجة عشان مصلحة معينة من شخص، يعني مثلاً لما واحد يقول لواحدة إنه بيحبها ويعمل علاقة معاها عشان يعرف أسرار ناس معينة، أو مثلاً بينتهز فرصة / أزمة ويبيع حاجة ناقصة من السوق بسعر مبالغ فيه.

opportunist; someone who exploits/takes advantage of others

مُــسْــتَــقيم

المعنى مجازي إيجابي: راجع المعنى المجازي لكلمة **دوغري**.

on the straight and narrow

مُــسْــتَــمِــع جَيِّد – مُسْتَمِعَة جَيِّدة – مُــسْــتَــمِعين جَيِّدين

المعنى حرفي إيجابي: شخص بيدي فرصة كافية للناس إنهم يتكلموا من غير ما يقاطعهم.

a good listener

مُــسْــتَــهْــتِــر

المعنى حرفي سلبي: شخص ما بيهتمش لا بالأخلاق ولا بالعادات والتقاليد ومهمل في حياته وحياة اللي معاه. يعني ممكن نلاقي واحد متجوز وعنده أولاد وسايب ولاده من غير رعاية أو اهتمام، ولو فيه واحد من ولاده عنده مشكلة في مدرسته ما يفكرش إنه يتابع أو حتى يحل المشكلة.

negligent

مُسَــجَّــل خطر – مُسَــجَّــلة خطر – مُسَــجَّــلين خطر

المعنى حرفي سلبي: مجرم معتاد الإجرام ومن كتر إجرامه عنده ملف خاص في المباحث.

approx. registered offender

مُــسْــرِف

المعنى حرفي سلبي: شخص بيصرف فلوسه أول بأول وما بيحَوّش وممكن يستلف قبل ما ييجي أول الشهر عشان يقبض.

spendthrift; wasteful (with money)

مَـسْـطول

stoned

المعنى الحرفي سلبي: شخص في غير وعيه نتيجة المخدرات.

forgetful; spacey

المعنى المجازي غالباً سلبي: شخص بينسى كتير.

مُـسْـعَـد

lucky

المعنى مجازي إيجابي: شخص حظه كويس بصفة عامة، يعني **مبخت** أو محظوظ.

مَـسْـكين

a poor person

المعنى الحرفي سلبي: شخص فقير.

poor thing; poor (so–and–so)

المعنى المجازي سلبي: شخص مش شرط فقير لكن عنده مشاكل كتير حلّت عليه أو مرض أو أزمة وهو صعِب علينا فنقول "مسكين."

مُـسَـلِّي

entertaining; fun

المعنى مجازي إيجابي: شخص بيعرف يتكلم ويقول حكايات واللي معاه ما بيحسش بالملل.

مِـسَـلْـوَع

skinny; scrawny

المعنى الحرفي: شخص رفيع قوي.

مُـسِـنّ

old; aged; elderly

المعنى حرفي: شخص عجوز، يعني ممكن يكون عدّى سبعين سنة.

مَـسْـنود

connected; well-connected

المعنى مجازي: شخص مستغربين من جُرئته في الشغل أو لأنه بيعمل حاجات ضد القانون، وهو بيعمل كده عشان فيه شخص له مركز كبير بيحميه لو وقع في الغلط، والمعنى قريب جداً من **واصل.**

مُـشاكِس

litigious; contentious; troublesome

المعنى حرفي سلبي أو إيجابي على حسب السياق: شخص بيعمل مشاكل سواء في الشغل أو غيره. فمثلاً لو واحد ما بيسبش لا كبيرة ولا صغيرة عشان يطالب بحقه أو حق الآخرين إلا ويطالب بيها وممكن يلجأ للقضاء ويرفع قضايا كتيرة عشان ياخد حقه أو ياخد حق الناس التانيين. وغالباً اللي حواليه في الشغل أو في الحياة الاجتماعية ما بيحسوش بالراحة معاه لأنه ممكن يهاجمهم في يوم من الأيام.

مُـشَـتَّـت

scattered; unfocused; absent-minded

المعنى حرفي سلبي: شخص غير محدد التفكير، يعني مش عارف أولويات المواضيع اللي المفروض يفكر فيها.

مِشْ عارف راسُه من رِجليه – مِشْ عارفة راسْها من رجليها – مِشْ عارفين راسْهم من رجليهم

overwhelmed; doesn't know where to start

المعنى مجازي سلبي: شخص محتار مش عارف الصح من الغلط، أو شخص من كتر المشاكل اللي عنده مش عارف يحل أي مشكلة الأول، ولا عارف يشوف المشاكل بطريقة منطقية وسايب الأمور زي ما تيجي عشان مش عارف ياخد قرار.

doesn't know where he stands

وكمان لو فيه واحد قدم على وظيفة في شركة ومافيش حد رد عليه بعد مدة فممكن حد ينصحه ويقول له "كلمهم عشان تعرف راسك من رجليك (يعني قبلوك في الشغل ولا لأ) وتعرف حتعمل إيه في حياتك لو ما قبلوكش."

مِش على بَعْضُه – مش على بَعْضَها – مش على بَعْضُهم

distracted; fidgety

المعنى مجازي سلبي: شخص مش عارف يركز عشان عقله مشغول بحاجة تانية عايزها. يعني مثلاً لو فيه واحد شاف واحدة حلوة – فرس – وكانت لابسة عريان فنقول "مش عارف يركز في شغله ومش على بعضه." كمان لو كان فيه ولد وأبوه وعده يشتريله عجلة نفسه فيها ولقيناه ما بيذاكرش فنقول إنه "مش على بعضه من ساعة ما قلنا له على العجلة."

مش قَــد / أد / كِـدَه – مش قد كده – مش قد كده

المعنى مجازي سلبي: شخص أو حاجة **نص كم**، يعني مش كويسة قوي لا من ناحية الجودة أو المضمون.

not that great; so-so; nothing special

مش لاقي / لائي / حد يــلِمُّه – مش لاقية حد يلمَّها – مش لاقيين حد يلِمُّهم

المعنى مجازي سلبي: شخص مالوش كبير، يعني بيعمل اللي في دماغه بصرف النظر عن الإعتبارات الاجتماعية والثقافية اللي بتفترض إن لكل واحد فيه حد أكبر منه في السن أو في المقام يعمله حساب ويخاف منه.

approx. never held accountable for anything

مِــصَــحْــصَــح

المعنى مجازي إيجابي: شخص واعي ومركز ومتابع للي بيحصل حواليه. بنقول اللي بيشتغل في شغلانة حساسة زي البورصة أو البنك أو المخابرات ... إلخ، لازم يكون مصحصح. فمثلاً لو فيه واحد بيشتغل في سوبر ماركت وفيه زبون اداله فلوس وحد كلمه في نفس اللحظة وبعدين نسي الزبون اداله كام، فصاحب السوبر ماركت يقول له "لازم تكون مصحصح أكتر من كده."

alert; awake

مِـضْـياف

المعنى حرفي إيجابي: شخص بيرحب بالناس وبيعرف يستقبلهم في بيته، يعني بيعرف يعامل الضيوف بترحيب.

hospitable; a good host

مِـطاوِع

المعنى المجازي إيجابي: شخص بيسمع الكلام من غير جدال، ولما نستخدم الفعل "طاوع" في جملة "طاوعني في اللي حاقوله" يعني وافق واسمع كلامي.

agreeable

مِـطَـلَّـق – مُطَلَّقة – متطلقين

المعنى حرفي: شخص كان متجوز وانفصل عن مراته رسمياً.

divorced

مَـطْـيور

المعنى حرفي سلبي: شخص مش راكز في تصرفاته، يعني غير ناضج وتصرفاته فيها سوء تقدير. فنقول على واحد مطيور لما مثلاً يتعرف على واحدة ويزورها في بيتها لأول مرة ويهزر معاها قدام أهلها بطريقة ملفتة للنظر بدون ما يتأكد إن اللي بيعمله ده مناسب ولا لأ.

awkward; immature; socially inept

مُـعْـتَـدِل

المعنى حرفي إيجابي: شخص لا هو **متشدد** ولا هو سايب الحبل على الغارب، يعني وسطي في التفكير والتصرفات.

moderate

مِـعَـصْـعَـص

skin and bones

المعنى مجازي: شخص رفيع قوي وبنقول برضه "رفيع زي الفتلة" يعني معضم، أو "لحم على عضم" يعني هيكل عضمي.

مِـعَـفْـرَت

scattered

المعنى مجازي سلبي: راجع المعنى المجازي لمصطلح **راكبه عفريت**.

مِـعَـفِّـن

rotten; rotted; spoiled

المعنى الحرفي سلبي: حاجة كانت حية وبعدين ماتت وبعد وقت بيطلع منها ريحة وحشة. يعني مثلاً لو سبنا الأكل فترة بره التلاجة خصوصاً لو الجو حر حنقول مش ممكن ناكلها عشان عفنت، ونلاقي في حاجات بيضة فيها وريحتها بقت وحشة.

unkempt; unclean; unwashed

المعنى المجازي سلبي: بتستخدم بين الأصحاب أو في سياق عامية المتنورين لشخص ما بيهتمش بمنظره أو نضافته الشخصية وريحته وحشة.

stingy

المعنى المجازي سلبي: شخص **بخيل**.

مُـعـقَّـد

المعنى مجازي سلبي: شخص عنده عقد كتير في التفكير أو بيطلب شروط كتير معينة من الناس عشان يعمل حاجة أو عشان يكون راضي. فمثلاً ممكن نقول على شخص إنه معقد لما نكون عاملين حفلة ونقول الدعوة عامة لكل الاقارب لكن الشخص دا يقول "مش رايح إلا لما صاحب البيت يعزمني بنفسه على الأقل بالتليفون ويستحسن لو بعت لي دعوة رسمية"، مع إنهم قرايب. أو مثلاً لما يكون فيه واحد حيركب العربية مع واحد قريبه اتجوز قريب وكان متعود يقعد جنب قريبه في العربية ونلاقيه زعل عشان بعد ما اتجوز خلى مراته تقعد جنبه في العربية وهو قعد ورا.

مِعَـلِّم

المعنى الحرفي: مهنة المدرس، ودي كلمة فصحى نطقها / مُعَـلِّم /.	teacher
المعنى المجازي: وصف لبعض المهن من الطبقة الشعبية زي الجزار، أو صاحب القهوة البلدي، والمقصود إنه بيعلم الصبيان اللي تحت إيده.	master

---

مَعْمول له عَمَـل – معمول لها عمل – معمول لهم عمل

المعنى مجازي: شخص بقى بيفشل في أي شيء بسيط وكان بيعمله بنجاح	cursed; under a curse

عشان فيه حد عمل له عمل عشان يسبب له أذية أو مشاكل. ودا اعتقاد عند الناس لما واحد يكون عايز يئزي واحد تاني بصورة غير مباشرة فيروح لواحد من الدجالين المنجمين ويطلب منه إنه يعمل حاجة لها علاقة بالسحر عشان الشخص اللي هو عايز يئزيه ما ينجحش في عمله. يعني مثلاً لو واحدة بتحب واحد وهو مش مهتم بيها، فهي تروح لواحد من المنجمين عشان يعمل لحبيبها عمل (سحر) ويخليه ما يتجوزش حد غيرها. والعمل ممكن يبقى شخبطة مكتوبة على ورقة ملفوفة ويقول لها حطي العمل تحت مخدته. وممكن يكون العمل اسمه حجاب، بس الحجاب عشان يحمي الشخص اللي رايح للمنجم، يعني واحد خايف من حوادث العربيات مثلاً فيروح للمنجم ويطلب منه حجاب يحطه في العربية عشان تحميه من الحوادث. وممكن نلاحظ الحجاب عند بعض حراس المرمى في فرق كرة القدم وبيحطوا الحجاب (بيسموها في لغة كرة القدم تعويذة) جوه الجول اعتقاداً منهم إن مافيش أهداف (أجوال) حتخش فيهم. وفيه أفلام كتير اتكلمت عن المنجمين زي *اسماعيل يس في مستشفى المجانين* و*جاءنا البيان التالي* والقصة الأولى من فيلم *ثلاث نساء*. وبيتقال "كذب المنجمون ولو صدقوا" ومع ذلك فيه

ناس كتير لسه بتعتقد في المنجمين
وقدرتهم على الربط، يعني التأثير على
الناس اللي بيعملو لهم حجاب أو عمل.

مُـغامِـر

adventurous; daring

المعنى حرفي إيجابي: شخص بيعمل
حاجات أو مشاريع يمكن ما تكونش
مدروسة كويس.

مَـغرور

arrogant

المعنى حرفي سلبي: شخص فاكر نفسه
أحسن من الناس وبيتعامل معاهم من
هذا المنطلق.

مُـفْـتَـري

ruthless; merciless

المعنى حرفي سلبي: شخص بيظلم
الناس وبنقول "المفتري عليه ربنا."

مَـفْـتول العضلات – مافيش مؤنث – مَـفْـتولين العضلات

buff; well-built

المعنى حرفي لوصف: شخص بيلعب
سويدي، يعني بيروح الجيم (النادي
الصحي) وجسمه زي بتوع كمال
الأجسام.

مَـفْـجوع – مَـفْـجوعة – مَـفَـاجيع

ravenous; glutton; pig

المعنى حرفي سلبي: شخص بياكل بنهم
كأنه ما أكلش قبل كده وماعندوش مانع
ياكل في أي وقت حتى لو مش جعان.

مِـفَـسْـتِـك

المعنى حرفي: شخص ما بياكلش كويس ويبان لنا لو حد زقه حيوقع بكل سهولة.

frail; gaunt; skin and bones; skinny as a rail

مِـفَـشْـوِل

المعنى مجازي سلبي: شخص تخين وجسمه مالوش أبعاد واضحة.

massive; huge; blob; Jabba the Hutt

مِـفَـلِّـس

المعنى حرفي سلبي: راجع المعنى المجازي لكلمة **على الحديدة**.

broke; bankrupt

مُـقـتَـدِر / مؤتدر /

المعنى مجازي إيجابي: راجع المعنى المجازي لكلمة **مريش**.

rich; well-off; well-to-do

مُـقْـتَـصِـد

المعنى الحرفي إيجابي أو سلبي على حسب السياق: شخص بيصرف على القد بالظبط، يعني مثلاً ما بيصرفش أي فلوس على الكماليات أو الفسح، بس هو مش **بخيل** يعني ما بيبخلش على نفسه أو أهله بأساسيات الحياة.

thrifty; cheap

المعنى المجازي سلبي: شخص ما بيعملش حاجة بالدرجة الكافية، يعني مثلاً مقتصد في كلامه، يعني الرد على قد الكلمة، أو مقتصد في أفعاله.

stingy; sparing

مُــقْــرِف / مؤرف /

المعنى حرفي سلبي: شخص بيعمل حاجات بتخلي الناس تحس بالاشمئزاز منه، زي مثلاً الشخص اللي وهو بيتكلم مع الناس يحط صباعه في مناخيره.

disgusting; gross

مَــقْــطَــف / مَأطَف / – مافيش مؤنث – مقاطِف

المعنى الحرفي: الحاجة اللي كان بيستعملها الفلاح لما بيسافر ويحط فيه أكل وممكن لبس، وده كان زمان أكتر عشان كانت الشنط غالية على الفلاح الفقير.

a type of tote bag

المعنى المجازي سلبي: بتستخدم بين الأصحاب أو في عامية المتنورين لشخص مالوش رأي ومافيش حد بيعمله حساب في أخد رأيه، يعني **مالوش شخصية**.

doormat

مِــقَــطْــقَــط / مأطأط /

المعنى مجازي إيجابي: شخص تقاطيع وشه حلوة. والفكرة الثقافية جاية من كلمة القطة لأن الناس شايفة إن اللي شكل القطة بيكون بريء وحلو.

cute; cutie; a doll

مُــكابِــر / مِــكابِــر /

المعنى حرفي سلبي: شخص بيعاند في الرأي حتى لو عرف إنه غلطان وما بيعترفش إنه غلطان أو رأيه غلط وما بيغيرش رأيه.

pigheaded; stubborn

مِـكَـبَّـر دِماغه – مِـكَـبَّـرة دِماغها – مِـكَـبَّـرين دِماغهم

المعنى مجازي إيجابي: شخص ما بيهتمش بالتفاهات الصغيرة في أي موضوع، أو بيعدي وبيفوت بعض الأمور عشان المواضيع تمشي.

easygoing; not concerned with trivial matters

مِـكَـسِّـل

المعنى حرفي: شخص مالوش مزاج يعمل حاجة. يعني مثلاً لو فيه عزومة عند جماعة أصحابنا وواحد من اللي رايحين قال لي "إنت رايح العزومة؟" فلو قلت له "مكسل أروح" يعني ماليش مزاج أو مش عايز أبذل أي مجهود عشان أروح، يعني ماعنديش مانع لو كانت العزومة في الشقة اللي تحت شقتي. والفرق بين **مكسل** و **كسلان** إن كسلان صفة دايمة في الشخص لكن مكسل هو إحساس مؤقت تجاه حاجة معينة.

feeling lazy; I/he don't/doesn't feel like (doing something)

مَكْسُور

المعنى مجازي سلبي: شخص اضطر يعمل حاجة من غير إرادته ونلاقيه ماشي حاطط وشه في الأرض. أو شخص حصل حاجة غير أخلاقية لحد من أهل بيته ومش قادر يواجه الناس عشان بيعايروه، زي مثلاً لو واحد مسكوا واحدة من إخواته البنات في شقة دعارة واتقبض عليها فيحس إنه مش

disgraced; dishonored

قادر يرفع عينه في وش الناس عشان حاسس إنه انهزم في معركة ما دخلش فيها، وهو والمجتمع معترفين إن الحاجة دي مشينة وغير أخلاقية. وممكن برضه لو حصل للشخص حاجة غصب عنه، وممكن نلاقي ده في فيلم *عمارة يعقوبيان* لما طه دخل السجن عشان كان من الإخوان واعتدوا عليه جنسياً، فخرج مكسور وحاطط وشه في الأرض وقال إنهم هتكوا عِــرضه.

مَكْسُورة الجِناح – مافيش مذكر – مكسورين الجِناح

المعنى مجازي سلبي: الست اللي مافيش راجل جنبها يقف معاها في المحن والشدائد.

literally has broken wings

alone and helpless

مَــكْشوف عنه الحِجاب – مَــكْشوف عنها الحِجاب – مَــكْشوف عنهم الحِجاب

المعنى مجازي إيجابي: شخص تنبأ باللي ممكن يحصل وحصل.

مِــكَــعْــبَــر

المعنى مجازي سلبي: راجع المعنى المجازي لكلمة **مبعجر**.

blob; huge; obese; Jabba the Hutt

مِكَعْــوَر

المعنى مجازي سلبي: راجع المعنى المجازي لكلمة **مبقلظ**.

مَـكَّـار

المعنى حرفي سلبي: راجع المعنى الحرفي لكلمة **خبيث**.

مِـكَـلْـضَـم

المعنى مجازي سلبي: شخص مكشر.

frowning; glum

مِـكَـلْـكَع

المعنى مجازي سلبي: راجع المعنى المجازي لكلمة **معقد**.

obsessive; has issues/hang-ups

مَلاك – ملاك – ملايكة

المعنى الحرفي: عكس كلمة شيطان.

angel

المعنى المجازي إيجابي: شخص طيب جداً، وبنقول "ده ملاك، تحطه على الجرح يطيب."

angel

مِـلاوِع

المعنى حرفي سلبي: شخص بيلف ويدور في الكلام، وبتستخدم غالباً لما واحد يوعد واحدة بالجواز وبعدين يطلع بألف حجة عشان ما يتجوزهاش، زي إنه مامعاهوش فلوس كفاية وهي شايفة إنه معاه فلوس كفاية، أو إنه يقول لها لازم نعرف بعض كويس ويبقوا مع بعض سنين.

giving the runaround; evasive

مُـلْـتَحي – مافيش مؤنث – ملتحين

bearded (as a sign of piety)

المعنى حرفي في سياق ديني إسلامي: شخص دقنه طويلة ومربي دقنه لسبب ديني، يعني سنة عن الرسول محمد عليه الصلاة والسلام.

مِـلَـسِّـن

a gossip; malicious gossiper

المعنى مجازي سلبي: شخص بيتكلم عن الناس وبينم في حاجات وحشة عنهم، والكلمة جاية من كلمة لسان.

مِـلَـظْـلَـظ

fat; obese

المعنى حرفي: شخص تخين قوي.

مُـلْـعَب – ملعب – مَـلاعِـيب

slut; slutty

المعنى مجازي سلبي: غالباً للبنت اللي بتعمل حركات وإيحاءات جنسية عشان تغري الرجالة، أو للبنت اللي بتعرف أكتر من راجل في نفس الوقت، وبنقول عليها "ماشية على حل شعرها."

مَلْفوفة – مافيش مذكر – ملفوفين

shapely; well-built

المعنى الحرفي: البنت الرفيعة اللي جسمها متناسق.

curvaceous; BBW; Rubenesque

المعنى المجازي: بنت تخينة بس مش عايزين نستخدم كلمة تخينة عشان عايزين نحلي البنت في نظر حد أو

كنوع من المجاملة. وفي فيلم *زوج تحت الطلب* لعادل إمام، أمه استخدمت كلمة ملفوفة على واحدة تخينة وعايزاه يتجوزها وهو لما اعترض قالت له: "إكمنها ملفوفة شوية؟"

مِلَهْوِج

careless

المعنى حرفي سلبي: شخص مستعجل وبيعمل كل حاجة من غير تفكير كفاية والنتيجة سلبية وبتيجي فوق راسه. يعني لو واحد مستعجل في شرب الشاي وهو سخن فبيتلسع ولسانه بيوجعه وهكذا.

مُمِلّ

boring

المعنى حرفي سلبي: شخص بيقول نفس الكلام لما الناس بتقعد معاه أو بيعمل نفس الحاجات في كل مرة أو بيخلينا نحس بالملل.

مَناخوليا – مناخوليا – مناخوليا

المعنى حرفي سلبي: راجع المعنى الحرفي لكلمة **مجنون**.

مُناضِل

resistance fighter

المعنى الحرفي إيجابي غالباً: شخص بيحارب ضد الاستعمار.

المعنى المجازي إيجابي: شخص بيحارب عشان مبدأ هو مقتنع بيه.

crusader

مُـنافِـق / منافئ /

المعنى حرفي سلبي: شخص له رأيين أو أكتر في نفس الموضوع أو ممكن يقابل واحد ويمدح فيه ولما يشوف شخص تاني يقول عن نفس الشخص كلام سيء. وفيه مثل بيقول "صاحب بالين كداب، وصاحب تلاتة منافق."

hypocrite; backbiter

مِـناقِر / منائر /

المعنى مجازي سلبي: شخص بيجادل في كل حاجة بس من أجل الجدال، وبنقول كتير على المتجوزين "ناقر ونقير."

/naa'ir wi–n'iir/ = fighting like cats and dogs; at each others' throats

---

مِـناكِـف

المعنى حرفي سلبي: راجع المعنى المجازي لكلمة **مناقر**.

مَـنْـبوذ / منبوز /

المعنى حرفي: شخص الناس بتبعد عنه لسبب ما.

outcast

مِـنَـتِّـن

المعنى مجازي سلبي: شخص ريحته وحشة.

stinks; smelly

مُـنْـحَـرِف

deviant

المعنى حرفي سلبي: شخص بيعمل
حاجات غير أخلاقية اجتماعياً.

مُـنْـدَفع

rash

المعنى حرفي سلبي: شخص متسرع
بيعمل الحاجة من غير ما يفكر. راجع
المعنى الحرفي لكلمة **متسرع**.

مِـنَـشِّـي

starched

المعنى الحرفي: الهدوم اللي متعالجة
بالنشا عشان تفضل مفرودة، وبنقولها
على الهدوم اللي ما بتتكرمش بسهولة،
وكمان زي المكوى بعد ما بتيجي من
عند المكوجي وبعد ما بنلبسها
ما تتكرمش.

stuffy; stiff; fuddy duddy

المعنى المجازي سلبي: شخص بياخد
شكل معين في كلامه أو تصرفاته غير
طبيعية وثابتة عند حد معين. يعني مثلاً
واحد حاسس بنفسه وراح البحر مع
أصحابه وكلهم ابتدو يجرو ويلعبو وينزلو
المية لكن هو قاعد تحت الشمسية
فأصحابه يقولو له: "قاعد منشي كده ليه؟"

مُـنْـشَـكِـح

cheery; happy, smiley

المعنى حرفي إيجابي: بتسخدم بين
الأصحاب غالباً لشخص مبسوط

والضحكة على وشه وممكن يضحك من قلبه على أي شيء.

مُـنْـضَـبِـط

المعنى حرفي إيجابي: شخص ملتزم غالباً بالمواعيد.	punctual; reliable

---

مُـنَـظَّـم

المعنى حرفي إيجابي: شخص مرتب في أفكاره أو ترتيب أوضته.	organized; disciplined

---

مُـنْـفَـتِـح

المعنى مجازي إيجابي: شخص بيتقبل الأفكار الجديدة وماعندوش مشكلة في تقبلها.	open-minded

---

مُـنْـفَـصِل

المعنى مجازي: شخص متجوز وفي مرحلة فك الارتباط. يعني لو متجوز مثلاً وهو ومراته سابو بعض وكل واحد قاعد في حتة لمدة طويلة لعدم التوافق، أو هم داخلين في إجراءات الطلاق بس لسه الطلاق ما تمِّـش رسميا فبيتقال إنه منفصل أو هي منفصلة.	separated

---

مُـنْـفَـعِـل

المعنى حرفي سلبي: شخص متنرفز من حاجات ضايقته.	agitated

excitable; high-strung; quick to anger	المعنى مجازي إيجابي أو سلبي على حسب السياق: شخص سريع الإنفعال، ولو كان في الحق يكون المعنى إيجابي، ولو في الباطل يكون المعنى سلبي.

مُـنَـقَّـبــة – مافيش مذكر – منقبات

veiled	المعنى حرفي: للبنت أو الست اللي مغطية جسمها كله حتى وشها بهدوم واسعة وفيه ستات بيكونوا لابسين جوانتي على إيديهم كمان عشان الإيدين ماتبانش، ومثال للبس دا في فيلم *أبو علي* لما اضطر البطل كريم عبد العزيز والبطلة منى زكي إنهم يلبسوا زي المنقبات عشان كانوا هربانين من البوليس ومش عايزين حد يشوفهم.

مُـنْـكَـسِـر

broken; beaten down	المعنى مجازي سلبي: شخص مالوش حظ من الدنيا يعني ممكن يكون يتيم وظروفه صعبة ومش حاسس إنه له دور مهم في الحياة، أو دايماً كان بيلقى توبيخ من اللي حواليه في تربيته.

مَـنْـهوش

spirited; playful	المعنى حرفي في سياق أسري: طفل بيحب الضحك وبيعاكس في اللي حواليه عشان يلعب معاهم. ولو اتقالت على الكبار بتكون على سبيل الدلع الإيجابي.

مَـهْـدود حِـيـلُه – مَـهْـدود حِـيلْها – مَـهْـدود حيلهم

pooped; worn out; exhausted

المعنى مجازي: الشخص اللي عمل مجهود كبير في عمل حاجة، زي مثلاً بعد الراجل ما ينام مع واحدة ويكونوا مع بعض ساعة أو أكتر، فحالة الإرهاق والتعب دي بنقول عليها مهدود حيله.

لكن كمان ممكن نستعمل العبارة دي بعد ما الواحد يرجع من الشغل ويكون يوم طويل وكله تعب، أو لما يكون واحد سخن وحرارته ٤٠ مثلاً فبيحس إن حيله مهدود.

مُـهَـرِّب

smuggler

المعنى حرفي سلبي: شخص بيخبي حاجات وهو مسافر عشان ما يدفعش جمارك وهو متعود على كده ودي مهنته، أو واحد داخل البلد ومعاه ممنوعات زي المخدرات ومش عايز البوليس يقبض عليه.

مَـهْـروش

busted; "nice try"

المعنى مجازي سلبي: بتستخدم بين الأصحاب أو في سياق عامية المتنورين للشخص اللي بيحاول يخبي حاجة عن الناس وهم كاشفينه، ولما يكونوا عايزين يبينوا إنهم فاهمينه فيقولو له "اتهرشت" أو "إنت مهروش إلعب غيرها" يعني حاول مرة تاني، لكن الأسلوب هنا بيكون فيه نبرة سخرية.

مُـــــهَـــــزَّأ

approx. laughingstock

المعنى حرفي سلبي: شخص بيعمل
تصرفات غالباً أصغر من سنه
وبتضحّك الناس عليه وبتخليهم يسخروا
منه ومن شخصيته. أو لما يتصرف
تصرفات مش مناسبة لمركزه، زي مثلاً
لو شفنا مدرس ثانوي في الفصل
والطلبة بيصفرو أوبيرمو عليه ورق أو
قاعدين بيغنو وهو بيشرح أو بيحطو له
ديل ورا البنطلون من غير ما يحس ...
إلخ، فنقول على المدرس إنه مهزأ
عشان الطلاب مش عاملين له حساب
وما بيحترموهوش.

مَـــهْـــزوز

can't do anything for himself;
helpless

المعنى مجازي سلبي: شخص متردد
عشان رؤيته للأمور مش واضحة
ونتيجة كده إنه ما بيعرفش ياخد قرار.
وغالباً بتتقال لما يكون الشخص متعود
إن فيه حد بيقرر له كل حاجة في
حياته، زي مثلاً واحد كان متعود لغاية
ما دخل الجامعة إن أمه تختار له لبسه
ويخرج مع مين والمفروض ياكل إيه
لما يخرج مع أصحابه، ونلاقي بعد أمه
ما تموت أو يبعد عنها إنه مش عارف
ياخد حتى أبسط القرارات.

مَـهْـموم

المعنى حرفي سلبي: راجع المعنى
المجازي لكلمة **شايل الهم.**

مُـؤذي – مؤذيّـة – مؤذيين

approx. sociopathic; evil

المعنى حرفي سلبي: شخص بيحب
أذية الناس بسبب أو بدون سبب، يعني
ممكن واحد ماشي في الشارع زهقان
فيسلي نفسه بإنه يكتب على عربيات
الناس أي كلام.

مَـوْثوق فيه – مَـوْثوق فيها – مَـوْثوق فيهم

trustworthy

المعنى حرفي إيجابي: شخص الناس
بتأتمنه في الماديات والمعنويات، يعني
الناس ممكن تقول له على أسرارها من
غير ما يحسوا بالقلق.

مــودي – مودي – موديين

moody

المعنى مجازي سلبي: راجع المعنى
المجازي لكلمة **متقلب.**

مَـوْكوس

unlucky; cursed

المعنى حرفي سلبي: شخص حظه
وحش بصفة دايمة.

مَــوْهوب

المعنى حرفي إيجابي: شخص عنده مهارة أو مهارات في حاجات معينة، زي اللي ممكن يلعب موسيقى من غير ما يدرسها ويعزفها من أول ما يسمع اللحن، أو الرسام اللي بيبدع في رسمه.

gifted; talented

مَيْتَان

المعنى مجازي سلبي: شخص **كسول**.

ميح – ميح – ميح

المعنى مجازي سلبي: شخص ماعندوش معلومات في أي حاجة، يعني لو كلمناه في أي موضوع ما نلاقيش عنده أي رد يبين إنه يعرف أي معلومات. وكمان ممكن الواحد يرد لما حد يسأله عملت إيه في الامتحان ويقول "ميح" لأنه ساب الورقة فاضية.

clueless; complete idiot

مَــيْــسور الحال – مَــيْــسورة الحال – مَــيْــسورين الحال

المعنى مجازي إيجابي: راجع المعنى المجازي لكلمة **مريش**.

مَيِّت على القرش / الإرش – مَيِّتة على القرش – مَيِّتين على القرش

المعنى مجازي سلبي: شخص **بخيل**.

نَاجِح

المعنى حرفي إيجابي: عكس **فاشل**.

a success; successful

نَاشِــز – مافيش مذكر – نواشـز

المعنى مجازي سلبي: الست اللي تسيب بيت جوزها عشان غضبانة ولما جوزها يطلبها ترجع وهي ترفض فيرفع عليها قضية طاعة، يعني يجيبها تعيش معاه بقوة المحكمة أو البوليس، ولو رفضت تبقى ناشز. وفي الحالة دي تبقى عاملة زي "البيت الوقف" يعني لا هي مطلقة ولا متجوزة، يعني ما ينفعش تتجوز – لو فضل الحال على ما هو عليه – إلا بعد مرور وقت معين يحدده القانون.

Note: /al–bayt al–waqf/ is a donated house, i.e. /waqf/, which can't be sold because it was given as a donation.

نَاقِص / نائص /

المعنى مجازي سلبي: شخص بيعمل حاجات سلبية نتيجة الحرمان منها، زي مثلاً اللي بيضحك على الناس وياخد منهم حاجات بتاعتهم مش لازم يكون لها قيمة تذكر ولكن عشان ما كانش عنده منها. كمان ممكن واحد اترفض من بنات كتير لسبب ما فيحاول يعوض النقص اللي عنده ويبالغ في معرفته للبنات عشان يثبت إنه مش مرفوض، وممكن يعمل معاهم دقة نقص، يعني يوعدها بالجواز ويخلف بوعده.

approx. compensating for feelings of deprivation

نَاكِر للجميل – ناكرة للجميل – ناكرين للجميل

approx. ungrateful; unappreciative

المعنى مجازي سلبي: شخص بينسى أو بيتناسى الحاجات الحلوة اللي عملتها الناس معاه.

نَايم في الخط – نايمة في الخط – نايمين في الخط

dropped the ball; sleeping on the job

المعنى مجازي سلبي: واحد ما بيحققش تقدم في حاجة مطلوبة منه.

نَــتَّــاش

thief

المعنى الحرفي سلبي: شخص بيخطف حاجة مش بتاعته.

المعنى المجازي سلبي: شخص **فشار**.

نِــتِــن

stinks; smelly

المعنى الحرفي سلبي: شخص ريحته وحشة.

stingy

المعنى المجازي سلبي: شخص **بخيل** وممكن نقول عليه **جلدة**.

نِــجِــس

impure; unclean; ritually unclean

المعنى حرفي سلبي: شخص عنده مانع من الصلاة أو دخول الجامع زي اللي نام مع واحدة أو كان شارب. وكمان بنقول نجس على الحيوانات اللي تنقض الوضوء، يعني لو كان فيه واحد

متوضي وجه كلب جنبه وشمشم فيه،
لازم يتوضى تاني عشان الكلب نجس
ونَجِّسُه. وفي أوقات كتير عند بعض
العائلات المحافظة ما بيحبوش يربوا
كلاب أو يكونوا في مكان فيه كلاب
عشان الكلاب بتنقض الوضوء. كمان
فيه ناس ما بيحبوش يسلموا على الستات
بإيديهم عشان فيه رأي بيقول إن الستات
بتنقض الوضوء. ملحوظة: اللي ينطبق
على الرجالة ينطبق على الستات كمان.

نَحْس – نَحْس – نَحْس

bad luck; jinx

المعنى مجازي سلبي: راجع المعنى
المجازي لكلمة **شرارة**. وممكن نقول
"فلان وشه نحس."

نَحِيف – نحيفة – مافيش جمع

thin

المعنى حرفي: شخص رفيع.

نَدْل – نَدْلة – أندال

one who goes back on his word

المعنى حرفي سلبي: شخص أسهل ما
عنده يرجع في كلامه أو يتخلى عن حد
في وقت ما يكون محتاج له.

نَزيه – نزيهة – مافيش جمع

generous

المعنى حرفي إيجابي: شخص ما
بيبخلش على نفسه ولا على الآخرين.

نَــسَّـاي

المعنى حرفي سلبي: شخص بينسى
كتير.

absentminded; forgetful

نِــسْــوانْـجي – مافيش مؤنث – نسوانجية

المعنى مجازي سلبي: راجع المعنى
المجازي لكلمة **فلاتي.**

نَــشانْجي درجة أولى – نشانجيَّة درجة أولى – نشانجيَّة درجة أولى

المعنى حرفي إيجابي: شخص بيحط
عينه على الهدف وبيضرب الرصاصة
على الهدف.

marksman

نَــشَّــال

المعنى حرفي سلبي: شخص بيسرق من
جيبك حاجة في الأتوبيس، أو لو إنت
واقف في طابور ومن غير ما تحس ما
تلاقيش المحفظة أو فلوسك. وبنقول
"يسرق الكحل من العين."

pickpocket

نُــص كُــمّ – نُــص كُــمّ – نُــص كُــمّ

المعنى مجازي سلبي: راجع المعنى
المجازي لمصطلح نُــص لِــبّــة.

نُــص لِــبَّــة – نُــص لِــبَّــة – نُــص لِــبَّــة

المعنى مجازي سلبي: بتستخدم بين الأصحاب أو في سياق عامية المتنورين لشخص لا يعتمد عليه وما بيوفيش بوعوده، أو لحاجة مش كويسة وممكن نقول "مش قد كده." يعني مثلاً لو واحد دخل فيلم وكان من اسم الفيلم وإعلاناته باين إنه فيلم ممتاز، ولما دخله ما عجبوش ولما الناس تسأله إيه رأيه فيقول "مش قد كده" أو "**نص كم**" أو "نص لبه" يعني مش مخدوم أو معمول كويس.

big talker; flake

not that great; so-so

نِــضيف – نِــضيفة – نُــضاف

المعنى الحرفي إيجابي: عكس **وسخ**.

clean

المعنى المجازي إيجابي: عكس **وسخ** برضه، يعني تعاملاته واضحة ومافيهاش غش. وممكن نقصد من الكلمة إنه ما بيلفش ويدور في الكلام وإن نيته صافية.

clean; straightforward

المعنى المجازي: لما الظابط في القسم أو في لجنة يوقف واحد شاكك فيه ويسأله "معاك ممنوعات؟" فيقول له المتهم "نضيف يا باشا" يعني مافيش ممنوعات.

clean

نَــفَــسَــة – مافيش مذكر – نَــفَــسَــة

المعنى حرفي: الست اللي لسه والدة وفي الفترة اللي لسه جوزها ما يقدرش

postpartum

ينام معاها وبتكون أربعين يوم. وبتتقال
كمان على الست لأنها بتبقى هفتانة
ومحتاجة تاكل كويس عشان تعوض
اللي جسمها محتاجه بعد الولادة.

نَـفَـسُـه طويل – نَـفَـسْـها طويل – نَـفَسْـهُـم طويل

can hold his breath

المعنى الحرفي: الشخص اللي لما بيعوم
تحت الميه ممكن يقعد تحت الميه مدة
طويلة من غير ما يطلع ياخد نفس تاني.

tenacious; perseverant; persistent

المعنى المجازي إيجابي: شخص ما
بييأسش بسهولة وبيناضل في أي مبدأ
أو حاجة عايز يعملها.

نَـفَـسه قُصَـيَّر / أُصير / – نَـفَـسها قُصَـيَّر – نَـفَـسهم قُصَـيَّر

المعنى الحرفي: عكس المعنى الحرفي
لمصطلح **نفسه طويل**.

المعنى المجازي سلبي: عكس المعنى
المجازي لمصطلح نفسه طويل.

نَـمْرود – نمرودة – نماردة

feigns weakness then attacks/
pounces

المعنى حرفي سلبي: شخص يتمسكن لما
يتمكن، يعني لو واحد حس إن اللي قدامه
أقوى منه يمثل ويتظاهر إنه مسكين لغاية
ما القوي اللي قدامه يصعب عليه ويحن
عليه أو يبتدي يعامله برقة وحنية، وفي
اللحظة دي يبان النمرود على حقيقته
ويهجم على القوي (اللي في اللحظة دي

ساب كل طرق الدفاع عن نفسه) ويعامل
القوي بطريقة تخليه أضعف منه، زي
التعلب يعني.

نِـوِر

street-smart

المعنى مجازي إيجابي: شخص خد قسط
من التعليم لكن بسيط واتعلم بنفسه
حاجات في الحياة.

نِـوَري – مافيش مؤنث – نِـوَر

thief; crook

المعنى مجازي سلبي: شخص نصّاب،
يعني بيلعب بالبيضة والحجر وبنقول
غالباً "حرامي ونوري."

نِـيِّـته سَـليمة – نِـيِّـتها سَـليمة – نِـيِّـتهم سَـليمة

well-intentioned

المعنى حرفي إيجابي: شخص ما
بيقصدش حاجة وحشة وهو بيتعامل مع
الناس.

هارون الرشيد – مافيش مؤنث – مافيش جمع

Harun al-Rashid

المعنى الحرفي: شخصية مشهورة في
التاريخ العربي وكان معروف عنه إنه
كان عنده عدد من الجواري أو البنات
عشان تونسه في وحدته.

المعنى المجازي إيجابي: شخص قاعد
وحواليه بنات أو ستات كتير.

هَايِـــــج

out of control; wild

المعنى الحرفي سلبي: الحيوان اللي مش
قادرين نسيطر عليه زي التور (الثور)
اللي بيطيح في كل اللي حواليه.

horny

المعنى المجازي سلبي: بتستخدم بين
الأصحاب أو في سياق عامية المتنورين
للشخص اللي عنده طاقة جنسية وعايز
يفرغها بأي طريقة، يعني بيدور على
واحدة ينام معاها، أو للشخص اللي عنده
رغبة جنسية جامحة (يعني شديدة).

هَايِـــــف

shallow; superficial

المعنى حرفي سلبي: شخص ما بيفكرش
في الأمور بعمق وسطحي. وبنقول
"بييجي في الهايفة ويتصدر."

هَجَّام – مافيش مؤنث – هَجَّامة

burglar; home invader

المعنى حرفي سلبي: الحرامي اللي
بيهجم على البيوت ويسرقها بعنف.

هَـرَبانْـــجي – هربانجية – هربانجية

unavailable

المعنى مجازي سلبي غالباً: الراجل
اللي بيزوغ من الست اللي بتحبه
وبيلاقي أي حجة عشان يبين إنه
مشغول، وهو يا إما بيتقل عليها
أو ما بيحبهاش بنفس القدر.

هَـفْـتان

المعنى حرفي: شخص جعان بس عايز
ياكل أكلة دسمة، يعني فيها لحوم.

هِـلِـهْـلِي - هِـلِـهْـلِـيّة - هِـلِـهْـلِـيّة

المعنى حرفي سلبي: شخص بيتصرف بتلقائية بحتة، يعني ممكن يقول كلام مش مناسب وممكن يحرج الناس بكلامه من غير ما يقصد.

spontaneous; impulsive

هَـمَـجي - هَمَجِيَّة - هَـمَـج

المعنى مجازي سلبي: شخص عايش في المدينة لكن بجسمه وعقله بيتصرف بشكل حيواني كأنه في الغابة.

barbarian

واسع الأفُـق

المعنى مجازي إيجابي: شخص بيتفهم حاجـات كتير ومُطَّلِع.

well-informed; knowledgeable; well-read

واصل

المعنى مجازي سلبي: شخص عنده نفوذ وممكن يئذي أي حد لو اتضايق منه، وطبعاً حيئذي الناس بنفوذه. والمعنى قريب جداً من **مسنود** و**إيده طايلة**.

well-connected; has friends in high places

واضِح

clear; straightforward

المعنى حرفي إيجابي: شخص مش **غامض**، يعني كلامه محدد، ولو سألته عن شيء سواء عام أو خاص بيرد بدون لف ودوران، وما بتحتاجش غالباً تسأله أسئلة تانية عشان تستوضح الموضوع.

واطي

Machiavellian; cutthroat

المعنى مجازي سلبي: شخص عنده نقص وممكن يعمل حاجات مشينة عشان هدف هو عايزه ومش مهم عنده الوسيلة.

واعي

savvy; shrewd; wasn't born yesterday

المعنى حرفي إيجابي: شخص صعب إن حد يضحك عليه، فنقول "ما تخافش عليه، ده واعي."

وِحِش

ugly

المعنى حرفي: شخص شكله مش جميل.

evil; rotten; bad

المعنى المجازي سلبي: شخص ما بيحبش الخير للناس.

وِدَني

المعنى مجازي سلبي: شخص بيعتمد في قراراته ومعلوماته على اللي بيسمعه من النميمة.

relies on hearsay/gossip

وَدود

المعنى حرفي إيجابي: شخص **عِشَري** بيحب الناس وبيعاملهم بلطف.

friendly; congenial

وِرْوِر – وِرْوِرة – وَراوِر

المعنى مجازي سلبي: شخص **خام** وماعندوش خبرة. وكمان ممكن تتقال على شخص **فافي**.

وِســخ

المعنى الحرفي سلبي: شخص مش نضيف.

dirty; unclean

المعنى المجازي سلبي: شخص ممكن يعمل حاجات مشينة بأساليب ملتوية، يعني ممكن يتنازل عن مبدأ عشان يحقق اللي هو عايزه. يعني مثلاً لو فيه خلاف بين واحد ومراته وماشيين في إجراءات الطلاق وفيه خلاف على حضانة الأولاد، والمفروض إن الأولاد يكونو مع أمهم حسب القانون، فالشخص اللي ممكن نقول عليه وسخ ممكن يزور شهادة تثبت إن قانونياً حضانة الأولاد مفروض تكون ليه.

slimy

وَسيم – وَسيمة – مافيش جمع

المعنى حرفي إيجابي: راجع المعنى الحرفي لكلمة **جذاب**.

وِشّه مكشوف – وِشّها مكشوف – وِشّهم مكشوف

المعنى مجازي سلبي: راجع المعنى الحرفي لكلمة **بجح**. وبنقول "عينه بجحة تندب فيها رصاصة."

وصولي

المعنى مجازي سلبي: شخص بيعرف بس الناس اللي ييجي من وراهم مصلحة وبيسعى بكل وسيلة إنه يوطد معرفته بيهم.

approx. Machiavellian, opportunist

يَـتيم – يتيمة – أيتام

المعنى حرفي: شخص أبوه أو أمه (أو الاتنين) ماتوا.

orphan

التدريبات

التدريب الأول:

اختار الكلمة المناسبة من القائمة للسياقات التالية:

ابن حظ – ابن حرام – قِتِم – أعمى – أمير – راكب دماغك – إيده طويلة – بتاع تلات ورقات – براشوط – برمجي – بصمجي – بياع كلام – تافه – مخه زي الجزمة – حمالة قسية – يا ابن اللذين !!

١. إنت بتحكي لأصحابك رحلة العذاب اللي مريت بيها في المجمع، وصلت هناك الساعة ٨ الصبح وقعدت لغاية الساعة ٥ بعد الضهر، وكل دا عشان موظف حنبلي رفض يقبل منك ورق تجديد الإقامة عشان سبب ________ (عشان حد كتب التاريخ غلط). كل أصحابك اتفقوا معاك على إن الموظف الحنبلي اللي شفته في المجمع ________ و ________ . وقالو إنك اتصرفت بحكمة من غير ما تزعل أو تنفجر، يعني عشان كنت ________ .

٢. إنت بتدور على شقة ولقيت سمسار عايز تتعامل معاه. كل أصحابك اللي يعرفو السمسار دا حذروك منه وقالو لك "إوعى تتعامل معاه!! عشان دا ________ و ________ ، شوف لك واحد تاني" بس إنت ما سمعتش كلامهم واتفقت مع السمسار. بعد ما خمك السمسار إنت اعترفت بإن الراجل دا فعلا ________ و ________ وعرفت إنك كنت ________ .

٣. إنت زبون دائم في ديسكو مش أي واحد ممكن يخشه. واحد من زمايلك من الشغل شافك وإنت داخل وجه يسلم عليك ووقف جنبك وسألك عن أخبارك. فقلت في سرك "ما كنتش أعرف إنه ودود للدرجة دي" بس بعد شوية عرفت إنه هو مش عارف يدخل الديسكو وكان عايز يلزق لك وتخليه يخش معاك،

وعشان كدا هو كلمك و حاول يبين إنه صاحبك. ممكن نقول على دا إنه _____ .

٤. إنت سايق العربية وواحد كسر عليك بسرعة لدرجة إنه كان ممكن يخبطك لو ما كنتش فرملت بسرعة. إنت شِطّ وقلت في سرك " _____ ."

٥. سؤال: إنت ناوي تعمل حفلة وإنت روش وما بتحبش النكد، مين اللي حتعزمه ومين اللي مش حتعزمه ؟ جواب: حاعزم واحد _____ ومش حاعزم واحد _____ . وعشان الحفلة في بيتي وبيتي كله أنتيكات فبالتأكيد أنا مش حاعزم واحد _____ .

٦. مها جوزها مات من سنتين وعندها ٣ ولاد في المدارس ومعاش جوزها ما بيكفيش أكل وشرب فبتشتغل شغلتين، دا غير إنها بتذاكر للعيال وبتحضر لهم الأكل وبتاخد بالها منهم، فنقول عليها _____ .

٧. كل أصحابي بيقولو عليّ _____ عشان كلهم ملاحظين إن منى مهتمية بيّ وبتحبني، إلا أنا مش واخد بالي من اهتمامها بيّ.

٨. حط علامة (√) جنب الشخص اللي بتحب تتعشى معاه أو تقعد معاه وعلامة (X) جنب الشخص اللي تفضل ما تقعدش معاه عشان بتضايق منه لسبب أو لآخر.

الأصيل	(	)	التنك	(	)
الأنزوح	(	)	الجردل	(	)
البحبوح	(	)	الحاد الطباع	(	)
البشع	(	)	السقيل	(	)
البيئة	(	)			

٩. أختك عايزة تتجوز، وعرفتك على اللي عايزين يتقدمولها. ضع علامة (√) جنب الشخص اللي ممكن تعرفها عليه وعلامة (X) جنب الشخص اللي إنت مش عايزها تتجوزه أو تكلمه.

ابن حلال	( )	البصباص	( )
ابن عز	( )	الجنتل	( )
ابن ناس	( )	العربيد	( )
الأصيل	( )		
الألعبان	( )		

التدريب التاني:

حط كل كلمة من الكلمات دي في المكان الفاضي:

خِرِعْ – دَلُّوع – رِزِل – رِقِم – شَرْشوحة – على راسه ريشة – شَكَّاي – شَلَقْ – شَيِيِّش – عقله مِهَوِّي – كسول – على راسه بطحة

١. واحد صاحبك جا يزورك في البيت وسمع صوت زعيق من عند الجيران وواحدة بتشتم ولادها، وبعد شوية سمعها بتتخانق مع كشاف النور، والولد الي جاي ياخد المكوى، فإنت قلت له "معلش هي بتحب تتخانق مع طوب الارض، أصلها ــــــــــ و ــــــــــ كمان."

٢. إنت حتخرج مع صاحبك وتروحو قهوة الفيشاوي عشان تشرب شيشة، بس الدنيا ابتدت تندع (مطر خفيف جداً) وواحد صاحبك قالك إنه مش عايزهدومه تتبل، ومش عايز يروح عشان مافيش تاكس فاضي، وكمان مش عاجباه القهوة، وكمان مش عاجبه الناس اللي بيقعدوا في القهوة. ممكن نقول على دا إنه ــــــــــ و ــــــــــ و ــــــــــ .

٣. واحد زميلك في الشغل مش فاهم كويس في شركات التأمين فهو طلب منك مساعدة في فهم بعض الأوراق اللي جتله من شركة التأمين بتاعته مع إنه عارف إنك مشغول جداً، فإدالك الورق وإنت قلت له إنك حتقرا البوليصة في أقرب وقت ممكن. فجالك تاني يوم وسألك "قريت البوليصة والورق ولا لسه؟" فقلت له "لأ، لسه." وبعدين قعد يزن عليك كل يوم يسألك قريت ولا لسه؟ فإنت قلت له "بطّل زن وما تبقاش ________ !"

٤. أخوك اتعرض عليه وظيفة بمرتب ممتاز، فإنت قلت في نفسك إن دا كويس عشان بقى له مدة ما اشتغلش مع إنه بيدور على شغل، وولاده محتاجين كسوة الشتا (هدوم جديدة للشتاء) ومحتاجين كمان دروس خصوصية، وفوق دا كله هو عنده ديون كتيرة واتأخر في دفع الأقساط. بس بعد يوم هو جالك وقال لك إنه قرر ما ياخدش الوظيفة وقال أسباب تافهة، بس إنت قلت في سرك إنه بقى متعود على الأنتخة ومش عايز يتعب نفسه في الشغل تاني. فإنت حتقول عليه يا إما ________ ، يا إما بقى ________ .

٥. إنت مع زمايلك في الشغل وفتحتو حوار عن موضوع الأهل اللي بيهملو ولادهم ويسيبوهم في البيت طول اليوم وهم في الشغل، فواحد في الشلة زعل وابتدى في الدفاع عن الناس دول، وقال لكو إن بعض الناس الوضع الاقتصادي بتاعهم ما يسمحلهمش يجيبو واحدة شغالة أو جليسة أطفال كل يوم. الكلام والزعيق بتاعه عكر الجو الودي اللي كان موجود بينكو، وبعد ما مشي الزعلان دا إنتو قلتو لبعض "واضح إن دا زعلان من كلامنا عشان هو من الناس اللي احنا بننتقدهم" يعني اللي ________ بيحسس عليها.

٦. إنتو واقفين في طابور طويل في الجمعية وواحد جا ووقف قدام كل الناس عشان يمشي قبلهم، الناس اللي بقى لهم مدة واقفين في الطابور زعلو وقالو له "إنت مش أحسن مننا عشان تيجي قدامنا كدا" وقالوا لبعض "هو ________ ؟"

٧. واحد صاحبك عرفك على واحد من زمايله، وخرجتو مع بعض واتفقتو تروحو حتة تشيشو. فإنت اقترحت قهوة قريبة كويسة بتحبها وصاحبك قال لك لأ الشيشة بتاعتهم مش كويسة قوي، وقال لك إن زميله ________ وبيروح بس القهاوي اللي فيها شيشة ممتازة.

٨. إنت قابلت واحد صاحبك عشان تتغدو مع بعض، أول ما شافك قالك "دي أول مرة أشوفك لابس شراب أصفر." فقلت له "يا سلام إنت لاحظت لون الشراب اللي أنا لابسه!؟ دا إنت ________."

٩. حط علامة (X) جنب الناس اللي إنت ما بتحبش تخرج معاهم وما بتحبش تعرف زمايلك عليهم عشان هم **عرة**.

السايب	( )	السلس	( )
الزلانطحي	( )	السككي	( )
الدبلوماسي	( )	السفروت	( )
الخمورجي	( )	العربجي	( )
الجلنف	( )	العايق	( )
الشهم	( )	الظريف	( )
السوقي	( )	الطموح	( )

١٠. مديرك في الشغل عايز يشكل فريق عمل عشان ينجز عمل معين، والشغل حيكون كتير والتعامل بين أعضاء الفريق حيكون مكثف إلى حد كبير، فعشان كدا الفريق لازم يتكون من ناس بيشتغلو كويس مع بعض وناس يعتمد عليهم وناس بيستشيرو التانيين لما بياخدو قرار ومش بيتشبثو برأيهم. فالمدير طلب منك نصايح وسألك مين حيكون مناسب لفريق العمل دا ومين مش حيكون مناسب. حط علامة (√) جنب الشخص اللي حيكون مناسب

للشغل في فريق العمل، وحط علامة (X) جنب اللي مش حيكون مناسب للاشتراك فيه.

الصادق	( )	الداهية	( )
السهن	( )	الحويط	( )
سليط اللسان	( )	العشري	( )
السلس	( )	عديم الاخلاق	( )
السكولانة	( )	الظريف	( )
سريع الانفعال	( )	الشنيع	( )
الدينامو	( )	الشريف	( )
الدهل	( )	الزنبجي	( )
الدني	( )	اللي عنده شعرة	( )
الدؤوب	( )	اللي عياره فالت	( )

١١. المدير نفسه طلب منك كمان اقتراحات عشان هو محتاج واحد يبقى قائد الفريق، ولازم يكون قائد قوي يعرف إزاي ياخد قرار وإزاي يدير الناس ويوفق بين الناس اللي بيختلفو مع بعض ويخليهم يتعاونو معاه ومع بعض. حط علامة (√) جنب الشخص اللي ممكن يكون قائد مناسب للفريق وعلامة (X) جنب اللي مش حينفع يقود الفريق.

الطربوش	( )	الراكز	( )
الطايش	( )	الراسي	( )
الشوال	( )	الخيخة	( )
اللي دماغه طاقة	( )	السهل الانقياد	( )
الشديد	( )	السكينة التلمة	( )
الرزين	( )	اللي زي البرلنت	( )
المتأني	( )		

التدريب التالت:

إملا المكان الفاضي بكلمة مناسبة من اللستة:

راسي – غامض – قرد مسلسل – قمّاص – كرشه كبير – كهينة – كيس جوافة – لابس اللي على الحبل – مبلط في الخط – متأني – متسرع – متسولين – متشردين – متشيك – متعنطظ – متكبّر – متهور – مسنود – راسك من رجليك – مقطف – ملاوع – ملاوع – ملهوج – متشدد – متخلف – ميح – واصل – واضح – غامضين

١. شلة أصحاب قررو يروحو السينما مع بعض يشوفو فيلم. لما جم يختارو أنهي فيلم معظمهم اتفقو على إنهم حيشوفو فيلم معين، بس حمدي كان عايز يشوف فيلم تاني وحاول يقنعهم يروحو الفيلم اللي هو عايز يشوفه، لكنهم رفضو وراحو الفيلم اللي اختاروه. حمدي خد على خاطره بس راح معاهم. بعد الفيلم كلهم راحو وقعدو على قهوة ولعبو طاولة واتكلمو وضحكو مع بعض بس حمدي قعد في القهوة طول الوقت مكلضم، وهم لما لاحظو إنه ما بيكلمش حد قالو في نفسهم دا ————— . بس مجدي قال في نفسه على الأقل هم سألوه هو عايز يروح أنهي فيلم، أما أنا فماحدش سألني بس قالولي إننا رايحين فيلم والسلام. بالنسبة لهم أنا ————— مش أكتر.

٢. أنا شخص أجنبي، رحت مصر عشان أفتح شركة استيراد وتصدير، بس طبعاً عشان أفتح شركة لازم أطلع تراخيص من هيئة الاستثمار والحي وهيئات حكومية مختلفة وكمان أفتح ملف ضريبي. لما رحت هيئة الاستثمار عشان أقدم على الرخصة، قدمت الاستمارة والأوراق المطلوبة وروحت واستنيت يجي شهر ونص، إن حد يرد عليّ حتى بتليفون أو بجواب يفيد بالموافقة أو عدم الموافقة، لكن مافيش حد عبرني. بتوع المكتب دول كانو ————— .

فرحت المكتب تاني عشان أكلمهم وأشوف إيه الحكاية، فالموظف اللي كلمته ما ردش على بكلام مفيد وكان بيلف ويدور وقال كلام فارغ. لما واحد

صاحبي سألني عملت إيه في هيئة الاستثمار قلت له والله الراجل اللي كلمته كان ـــــــــــ ، ما قالش أي حاجة مفيدة، فصاحبي ضحك وقال لي "حد يعمل كدا؟" ما فهمتش وقلت له "مش فاهم!" فقال لي "اللي عايز يفتح شركة لازم يوكل محامي يقوم له بكل إجراءات تراخيص تأسيس شركة، ولو إنت كنت ـــــــــــ كان زمانك طلعت التراخيص في يومين، وكده كده، سواء بمحامي أو غيره، لازم تدفع إكراميات". فما كدبتش خبر ووكلت محامي، وبعد كام يوم كلمني المحامي وقالي إنه محتاج فلوس تاني عشان الإكراميات، عشان الموظف اللي في إيده كل حاجة ـــــــــــ وما بيشبعش فلوس.

٣. مرة واحد صاحبي شافني قبل ما أروح مقابلة في شركة عايز أتوظف فيها، فشافني لابس بدلة وكرفتة فقال لي "يا عيني ياعيني! يا سلام إنت ـــــــــــ ليه، خير؟" فقلت له "أيوه، أنا عندي مقابلة النهاردا والشركة محترمة قوي فعشان أديهم انطباع كويس عني لازم أكون ـــــــــــ."

٤. واحد كان رايح يقابل حبيبته ومستعجل عشان يلحق ميعادها، فلم ورقه من على المكتب قبل ما يسيب الشغل، وهو بيلم الورق وقع القهوة على ورق مهم تاني كان على المكتب، فممكن نقول إيه عليه؟ ـــــــــــ

٥. أ – مها السكرتيرة الجديدة باين عليها طيبة.

ب – طيبة مين! دا إنت اللي طيب، دي ـــــــــــ ، كل ما أطلب منها بيانات الأجهزة اللي جابوها جديد، تقول لي مافيش حاجات كتير، وبتلف وتدور في الكلام، وما بتدينيش عقاد نافع.

ج – ياراجل، يمكن ما خدتش بالها من اللي إنت عايزه.

د – أنا طلبت منها صراحةً أكتر من مرة، وكمان بقالها كام شهر بس، ولفت المدير وخليته يتجوزها.

٦. ناس كتير انبسطو قوي لما أوباما جه مكان بوش واتولى رئاسة أمريكا، وقالو إن المشكلة في بوش هي إنه ما كانش بيفكر قبل ما ياخد قرار، يعني كان بياخد قرارات بسرعة حسب مزاجه، إنما أوباما لما بياخد قرار بيقعد يفكر ويستشير الآخرين. يعني ممكن نقول إن الفرق بين الاتنين هو إن أوباما ــــــــ و ــــــــ وبوش كان ــــــــ و ــــــــ في قراراته.

٧. قلت لزميلي في الجامعة: رامي دا كل ما بيتكلم أنا باخد انطباع إنه فاكر نفسه أحسن مننا، بيكلمنا كأننا ما نعرفش حاجة وهو عارف كل حاجة مع إنه في الحقيقة مش أحسن منا في أي حاجة. زميلي قال "آه، رامي دا أصله ــــــــ و ــــــــ قوي."

٨. أنا قلت لك قبل كده، ما تعملش مشاكل مع علي زميلنا الجديد، عشان هو ــــــــ ، وممكن يطيرك من الشركة في يومين.

٩. سامية ومجدي على علاقة مع بعض من فترة، لكن سامية مش شايفة منه تلميح عن موضوع الجواز، ولما واجهته قال إنه هو كمان عايز يتجوز بس مش مستعد دلوقتي وعايز يستنى شوية. وبعد فترة مجدي ما خدش أي خطوة وما فتحش الموضوع معاها تاني، يعني هو زي ما هو وما خدش قرار. في يوم، رانيا صاحبة سامية سألتها "عاملة إيه مع مجدي؟" فسامية قالت لها إنه ما بيقولش حاجة ولا ناوي يعمل إيه، هو ــــــــ قوي. فرانيا قالت لها "لازم تكلميه، من حقك تعرفي ــــــــ ،" فراحت سامية وكلمت مجدي وقالت له "إنت لغاية دلوقتي ــــــــ ولازم تكون ــــــــ معايا وتقول لي نيتك إيه."

١٠. أ – شفت برنامج "البيت بيتك" امبارح؟

ب – آه، أكتر حاجة عجبتني فيه لما قارن بين الأغاني الكلاسيكية لعبد الحليم وعبد الوهاب وأم كلثوم والأغاني الشبابية والأغاني الشعبية.

ج – تخيل، أحمد جاري لغاية دلوقت ما بيتفرجش على الأغاني لا في التليفزيون ولا الراديو، كنت راكب معاه العربية النهارده واحنا جايين الشغل، وسألته عن البرنامج وقالي إنه ما بيسمحش لولاده ولا مراته إنهم يتفرجوا على البرامج اللي فيها أغاني ولا الأفلام ولا حتى يسمعوا الأغاني في الراديو، وبيخليهم بس يسمعو الأغاني الدينية والقرآن أو البرامج الدينية. دا حتى رفض يشغل محطة نجوم إف إم في راديو العربية بتاعته.

د – سيبك منه، دا ______ و ______ .

١١. أنا سألت واحد أعرفه "إيه رأيك في أغاني عبد الحليم القديمة؟" فقال لي "مين عبد الحليم دا؟" أنا قلت له "إنت ______ للدرجة دي؟ فيه حد ما يعرفش عبد الحليم؟ العندليب!"

١٢. شلة صحاب اتفقو إنهم حيتقابلو يوم الخميس عشان يتفرجو على ماتش كورة مع بعض، في آخر لحظة واحد منهم اسمه شكري اتصل وقال إنه مش ممكن ييجي عشان مراته قالت له إن فيه ضيوف حييجو بكرة وهي عايزاه يساعدها في ترتيب البيت قبل ما ييجو. فهم قالو لبعض "احنا اتفقنا على المعاد دا من أسبوع وييجي هو ويلغي الميعاد ومراته تمشي كلامها عليه عشان عايزاه يساعدها في البيت؟ والله دا باين عليه ______ و ______ كمان."

١٣. لما تمشي في الشارع في أي مدينة كبيرة تشوف ناس بيطلبو منك فلوس، فهم يبقو ______ ، وفيه ناس بتقول عليهم ______ .

حط علامة (√) جنب أكتر شخص ممكن يساعد ناس زي دول (في الجملة اللي فاتت) ويديهم فلوس وحط علامة (X) جنب الشخص اللي مش ممكن يساعدهم:

النتن	( )	النزيه	( )
المعفن	( )	اللارج	( )
الفييس	( )		

١٤. إنت مسافر بالطيارة على أوربا في أجازة، طبعاً الكراسي في الطيارات اليومين دول ضيقة قوي. حط علامة (X) جنب الشخص اللي إنت مش عايزه يقعد في الكرسي اللي جنبك وحط علامة (√) جنب الشخص اللي ماعندكش مانع ييجي يقعد جنبك.

المعفن	( )	المكعبر	( )
المسلوع	( )	المفشول	( )
المبقلظ	( )	الملظلظ	( )
المانيكان	( )	النحيف	( )
المكعور	( )	المنتن	( )

١٥. حط علامة (√) جنب الشخص اللي إنت عارف إنك لما تشوفه وتقعد معاه حتضحك وتتبسط قوي وحط علامة (X) جنب الشخص اللي حتبقى حزين أو زعلان لما تقعد معاه.

المنشكح	( )	المرح	( )
المكلضم	( )	الكئيب	( )
المسلي	( )	الكشري	( )

١٦. إنت صاحب شركة وبتدور على واحد يشرف على الأمور المالية بتاعة الشركة. الشخص دا حيكون مسئول عن الميزانية والتكاليف وحيتحمل مسؤولية قرار صرف الفلوس والأولويات اللي حتتصرف فيها الفلوس، فطبعاً إنت عايز واحد أمين حياخد قرارات سليمة وحيصرف الفلوس في حاجات تنفع الشركة ومش حيضيع الفلوس في حاجات مش ضرورية.

حط علامة (√) جنب الشخص اللي ينفع في منصب زي دا وحط علامة (X) جنب الشخص اللي ما ينفعش تشغله في وظيفة زي دي.

المجرم	( )	المحتال	( )
المبذر	( )	الموثوق فيه	( )

اللي زي الجنيه الدهب	( )	المقتصد	( )
اللومانجي	( )	المسرف	( )
الكويرك	( )	المستقيم	( )
المرتشي	( )	اللي مروق نفسه	( )
اللي مدلع نفسه	( )	النتّاش	( )
المدبر	( )	اللي زي البرلنت	( )
المحترم	( )	النوري	( )

حل التدريبات

التدريب الأول:

١. تافه – مخه زي الجزمة – بصمجي – أمير

٢. بياع كلام – برمجي – بتاع تلات ورقات – ابن حرام – راكب دماغك

٣. براشوط

٤. يا ابن اللذين !!

٥. ابن حظ – قتم – إيده طويلة

٦. حمالة قاسية

٧. أعمى

٨. (√) الأصيل – البحبوح

(X) الأنزوح – البشع – البيئة – التنك – الجردل – الحاد الطباع – السقيل

٩. (√) ابن حلال – ابن عز – ابن ناس – الأصيل – الجنتل

(X) الألعبان – البصباص – العربيد

التدريب التاني:

١. شرشوحة – شلق

٢. خرع – دلوع – شكاي

٣. رزل

٤. عقله مهوي – كسول

٥. على راسه بطحة

٦. على راسه ريشة

٧. شييش

٨. رقم

٩. (X) السايب – الزلانطحي – الخمورجي – الجلنف – السوقي – السككي – العربجي

١٠. (√) الصادق – السلس – الدينامو – الدؤوب – العشري – الظريف – الشريف

(X) السهن – سليط اللسان – السكولانة – سريع الانفعال – الدهل – الدني – الداهية – الحويط – عديم الأخلاق – الشنيع – الزنبجي – اللي عنده شعره – اللي عياره فالت

١١. (√) الشديد – الرزين – المتأني – الراكز – الراسي – اللي زي البرلنت

(X) الطربوش – الطايش – الشوال – اللي دماغه طاقة – الخيخة – السهل الانقياد – السكينة التلمة

التدريب التالت:

١. قماص – كيس جوافة

٢. غامضين – ملاوع – مسنود أو واصل – كرشه كبير

٣. لابس اللي على الحبل – متشيك

٤. ملهوج

٥. كهينة

٦. راسي – متأني – متهور – متسرع

٧. متعنطظ – متكبر

٨. مسنود أو واصل

٩. ملاوع – راسك من رجليك – غامض – واضح

١٠. متخلف – متشدد

١١. ميح

١٢. مقطف – قرد مسلسل

١٣. متسولين – متشردين

(√) الفييس – النزية – اللارج

(X) النتن – المعفن

١٤. (√) المسلوع – المانيكان – النحيف

(X) المعفن – المبقلظ – المكعور – المكعبر– المفشول – الملظلظ – المنتن

١٥. (√) المنشكح – المسلي – المرح

(X) المكلضم – الكئييب – الكشري

١٦. (√) اللي زي الجنيه الدهب – المدبر – المحترم – الموثوق فيه – المقتصد – المستقيم – اللي زي البرلنت

(X) المجرم – المبذر – اللومانجي – الكويرك – المرتشي – اللي مدلع نفسه – المحتال – المسرف – اللي مروق نفسه – النتاش – النوري